とことん！　とんかつ道

目次

第1章

とことん！
とんかつ道

今 柊二
Kon Toji

Chuko Shinsho
La Clef
482

中央公論新社

第2章 とんかつと学生 61

第3章 ありがたいチェーン系とんかつ 101

…コラム

第5章

とんかつのバリエーション　167

第6章　日本とんかつ紀行　

…コラム

編集部注

• 飲食店のデータ（値段、所在地、メニュー）は取材当時のものです。執筆時以降、データが変更されている場合がありますが、ご了承ください。

• 「とんかつ」の表記は、原則として「とんかつ」としましたが、一部で店のメニューの表記を尊重した箇所があります。

第1章
とんかつとサラリーマン

目黒「とんき」のヒレかつ定食

本書を進めるにあたって、おそらくとんかつのヘビーユーザーたるサラリーマン（東京）のとんかつ事情をはじめ、東京の主なとんかつポイントと名店のルポなどを掲載することとする。

ランチとしてのとんかつ……とんかつ気分について

体調によってランチに食べたいものは変化するものだ。個人的には体調がベストなときに食べたいものと、ものすごく体調が悪いときに食べたいものがわりとはっきりしている。まずベストなときは天丼である。ご飯の上によく揚がったエビやらイカやらかぼちゃやらの各種の天ぷらがどーんと載り、辛めのタレがかかったいわゆる江戸風の天丼は、ご飯＋揚げ物なので食べがいはあるがかなりハードである。栄養のバランス的にも、やはり野菜が欲しい気持ちが起きる。前述のようにかぼちゃなど野菜の天ぷらは載っていることも多いけれど、しっとりした生野菜、つまり漬物も同時に食べたくなる。特に若干体調がすぐれないけれどどうしても天丼を食べたいときは、白菜のお新香などを別途注文してバランスを取ったりする。

一方、最も体調がすぐれないときは、野菜の煮物や煮魚の定食などを食べることができればいいけれど、そんな定食にはなかなか巡り会えないものだ。ゆえに代案としては、たとえば立ちそばできつねうどん（そば）とおにぎりの組み合わせだったりする。これも栄養的にはかなり偏っているが、とりあえず消化方面は問題がなさそうなので、栄養のことは夜にでも考えることにして食べてしまう（あくまでも個人的な解釈ですよ）。

それでは、とんかつはどういう位置づけか。まあ天丼ほどハードじゃないけれど、少しは元気がないと食べられないですね。ただし、とんかつでも定食となった場合は、大体伴走者として大量の千切りキャベツやお新香もついてくるので、野菜摂取も実施されるため天丼よりは栄養的にも問題がなさそうだし、消化もキャベツが助けてくれそうなので、思いのほか体調には左右されない。

以上の状況から、ランチでのとんかつ気分とはこんな感じである。よく晴れた日の12時ちょうどくらいのタイミング。9時から会議などがあって午前中からミッチリ働いたという設定。朝食は時間がなかったので、牛乳しか飲んでいない。ちょっと背伸びなどをしつつ、

「ああ、おなかが空いたなあ。朝飯もろくに食べていないし、今日は元気が出て栄養バランスのとれたもの食べたいなあ。そうだ！　とんかつ定食だ！」

とつぶやきつつ、元気よくオフィスを出てとんかつ屋に向かうのであった。

とんかつ屋のランチ利用はこんな感じ……入店、メニュー選択、摂食、会計など

昼食時、オフィスを出て一路とんかつ屋に向かう。ここでいうとんかつ屋は専門店である。専門店でない店でもとんかつを食べることはできるが、それは後述する。

さて、とんかつ専門店の場合、清潔な暖簾《のれん》が入口ではためいていることが多く、その暖簾には「とんかつ」なり、店名などが記されている。さらに簡単なメニューが表に掲示されていることも多い。「ロース950円・ヒレ1100円」というような感じだ。夜のメニューより安いランチメニューがあることも多い。「とんかつ　いもや」（神保町）（71頁）などのように低価格の場合は、昼と夜の値段の差もない場合も多いが。ただ、長年とんかつ屋でランチの観察をしていると、ランチタイムにもかかわらず、「ランチでないほうのロースカツね！」とか、昼間から贅沢《ぜいたく》をしている営業系サラリーマンを見ることも少なくはない。

ランチがある場合、首都圏では価格は1000円前後が多い。そのようなランチメニューを見て、多くのサラリーマンは「今日はロースだな」とか、入店する段階で何を食べるか決

めている。

ランチ時には混んでいるので若干待つこともあるが、サラリーマンは食べるのが早いので、わりとすぐ店内に入ることができる。かくして店内に入ると大体はカウンターが中心。白木のカウンターで、清潔な店内、清潔な白い調理服を着たお店の人というように、清潔さはとんかつ屋全般に共通している。たとえば目黒をはじめ「とんき」（53頁）は白木のカウンターがとても美しい。

さてカウンター席に座ると同時に注文。出てきたお茶を飲みつつしばし待つ。カウンターの中ではとんかつを揚げる人、キャベツの千切りをセットしたお皿を並べる人など分業となっている場合も多い。さらにとんかつが揚がると、ご飯と味噌汁、そしてお新香が用意され、客のもとへサーブされていく。そんな一連の流れを見ているとさらにおなかが空いてくるが、そのおなかの空き加減がピークになってきた頃に、自分の注文したとんかつ定食がやってくる。

お皿にこんもり盛られた千切りキャベツ、その横には湯気を上げる揚げたてのカツ、そして味噌汁とお新香、ご飯。今すぐにでも食べたいがまずは心を落ち着かせるためにまずは味噌汁を飲む。しじみ汁、もしくは赤だしの味噌汁が多いような気がするが、温かいおつゆを飲むことで気持ちも落ち着き、「さあ食べるぞ」という静かな食欲がわいてくる。

続けてとんかつを食す準備をする。まずはテーブルの上にある小さい容器から辛子を少しもらい、とんかつソースをカツにかける。とんかつソースが辛いもの・甘いものと二種類もしくはそれ以上ある場合もあるので一種類をとんかつ一切れだけにかけて様子を見るのもいい。店によっては、すり鉢にゴマをすってそこにソースを流し込んで自分用のタレをつくる店もある。「さぼてん」（第3章）などが代表例だろう。

かくして準備が完了し、さあ食べよう。サクサクとした衣と豚肉の頼もしさ、そしてソースのうま味が口の中で混じり合って、すごい〝おかず力〟となり、ご飯が猛烈に欲しくなり、どんどん食べていく。そして合間にキャベツをもりもり食べて口の中をいったんさっぱりさせる。そのようなさっぱり効果はお新香（白菜だったり、キャベツだったり、キュウリ系だったり、沢庵だったりする）にもある。こうして気持ちを切り替えて、ふたたびカツとご飯を食べていく。ああ、途中で辛子を増強して味のメリハリを強くしてもいいな。

……食べ終えると満ち足りた満足感が胃から全身に広がっていく。食後のお茶をゆっくり飲んで席を立ち、会計をして店を出るのであった。チェーン店でなければ、価格は内税で1000円なり980円なりのきりのいい金額であることが多い。

ランチとんかつにおける諸問題……金額と食事量

さて、この金額も含めて、とんかつ定食をランチに食べることにおいては、二つほど問題があるのでそれを記しておきたい。

まずは金額、つまり値段である。サラリーマンのランチとして、いくらくらいが許容範囲なのか。２０１３年現在の状況でみるならば、「サラリーマンの昼食相場」というのが見えづらくなっている。新生銀行の12年4月の調査によると、５１０円という結果が出ている。01年は７１０円だったそうだから、ずいぶんと安くなっている。

それに対し、とんかつ定食はいくらくらいなのか。後述するチェーン系の店ならば、この予算での５００円でも可能だが、名店で食べようとすると、１０００円前後、場合によってはそれ以上する。果たして、ランチにこの金額を出すべきかどうかは、まさに個人の判断に委ねられることになる。まあ、毎日ではなく、たまに食べるんならいいんじゃないかと思う。個人の自由ではあるが、うまいものを腹いっぱい食べたほうが元気も出るし、やる気もわいてくるものだ。食べ物は自分への投資なので、たまには１０００円程度のとんかつ定食は食べていただきたいものだ。

とはいうものの、私も定食基準は20代、30代くらいまでは500円台だったが、年を取るとともに上昇して、45歳の現在は大体800円が基準となっている（そりゃ安ければいいけどね）。さすがに1000円台後半はランチで出したくないし、いくら名店とはいっても2000円、3000円のとんかつ定食は畏れ多くて食べる気がわかない。

一方、前述のとんかつ気分の中で、「おなかが空いた」解決策としても、「とんかつ」が導き出されている。これは「とんかつ定食」自体がボリュームがあるということもあるが、多くのとんかつ屋では、「ご飯」「キャベツ」「味噌汁」のいずれか、もしくはすべてがお代わり自由なのだ（渋谷「かつ吉」〈43頁〉など、店によっては複数ある漬物も食べ放題という事例もある）。そのため「腹いっぱい食べることができる」という大きなメリットがある。

「お代わり自由」なため、多少値段が高くても仕方がないかなという側面もあるのだった。

ただ、ランチに食べすぎると、必ず午後に眠気が襲ってきて、業務に支障をきたしてしまうという側面がある。

表１　元気と昼食の選択の関係（筆者の個人的判断による）

すごく元気	天丼	天丼、なかでもエビ天丼の場合、野菜の加勢がないため、米と揚げもの、強めのタレという強い胃を要求する食べ物となる。これが天ぷら定食になった場合は、野菜の天ぷらもあるし、タレではなく天つゆにどの程度つけるか調整も利く。さらにお新香もつくことが多いため、胃への負担は天丼ほどではない
まあまあ元気	とんかつ定食	とんかつ自体はヘビーな食べ物だが、大量のキャベツに支えられてか胃への負担は少ない。また玉子でとじるかつ丼は、玉子でくるまれて優しくなるせいか、とんかつ定食以上に体調の許容度が高い気がする
やや元気がない	煮魚定食、肉豆腐定食	やはりご飯、味噌汁、おかずから成り立つ定食は体調の許容度が高く、中でも「煮る」系の定食はお腹にやさしい（気がする）
とても元気がない	ゴーヤチャンプル定食	沖縄は定食の聖地だが、その中でもゴーヤとスパムを玉子で炒めるゴーヤチャンプルはとても胃に優しい。ゴーヤの苦みが体を元気にしてくれている気がする
帰りたくなるほど元気がない	きつねうどん	米すら食べにくいほど具合が悪い時は、優しい具であるお揚げの載ったきつねうどん（そば）と小さめのおにぎりのセットなどを食してしまう。この組み合わせなら、都心では比較的探しやすい。これを食べてもダメならさっさと帰って寝たほうがいい

表２　とんかつ値段表（高い順）ランチ価格をのぞく（税込）

※2013年調査

値段	店名	メニュー	備考
3150	ぽん多	カツレツと定食セット	2625円＋525円　畏れ多くて食べたことがない
2900	蓬莱屋	ヒレカツ定食	値段が偉すぎて食べたことがない
2100	かつ吉	銘柄豚ロースかつ定食	ランチは1000円台前半で食べられるのでたまに食べる
1800	とんき目黒店	ロースカツ定食	夕方以降しかやっていない。私的には最高価格。これ以上は出したくないなあ。とんかつで
1250	新宿さぼてん横浜クイーンズスクエアアット！店	特撰ジューシーロースカツ膳	和幸よりちょっと高いのはゴマ代だろうか
1160	和幸カンファレンスセンター大手町店	ロースカツ御飯	標準的な価格。一口ひれかつ御飯なら1050円
1000	新宿　豚珍館	ロースカツ定食（上）	店に漂う「さあ食べるぞ！」という雰囲気もたまりません
724	かつや	ロースカツ定食	エビフライが5本載ったエビフライ丼514円と偉大すぎる。ご飯のお代わりはできません
530	坂井精肉店	お手頃90gロースカツ定食	肉厚ロースカツ定食でも690円。江古田店ではライスとキャベツがお代わりできた！
490	松八	ローストンカツ定食	牛めしの松屋のとんかつバージョン。とても安い。ご飯のお代わりはできないが、時折大盛りサービスをやっている

夕食とんかつ・休日とんかつ

さて、サラリーマンはランチ以外にもとんかつを食べる。たとえば独身で一人暮らしのサラリーマンは退社後に夕食としてとんかつ定食を食べていくこともある。特に酒があまり得意でない独身サラリーマンにとって、とんかつ屋は貴重な夕食スポットである。もっとも、酒がある程度飲める場合は、瓶ビールを一本注文して、それを飲みつつとんかつを待つというのもなかなかオツなものである。ただし、ビールは腹がふくれやすい飲み物であり、とんかつ定食をともに食すとなかなかご飯のお代わりにまで至りにくいという弱点もある。まあ別にお代わりしなくてもいいんだが、満腹による睡魔を気にせずおなかいっぱい食べられるのにと考えると、ちょっともったいない気もする。それは私がさほど酒を飲めずご飯が好きだからという理由もあるだろうが。なお、ランチのところで記したように夜はランチがない分、値段が高くなる傾向もある。

夕食と同様に休日にもとんかつ屋で食事をする独身者はいるだろう。さらに、結婚して家族をもった場合、「休日の夕食は外食で」という流れにもなるだろうが、そのような場合は、カウンターが中心の個人経営のとんかつ屋はなかなか行きにくい。しかしとんかつ「和幸」（第3章）などがロードサイドのファミリーレストラン型の店舗を運営していたり、デパートのレストラン街には店舗があったりするので、それらチェーン系とんかつ屋の利用度は高くなるのであった。

都内各地のとんかつ事情……サラリーマンと主に都心編

以上、首都圏におけるサラリーマンのとんかつ事情を記したが、ここからは都内各地のとんかつ店のルポと概要を記していく。

銀座「梅林」でカツライス

澁澤龍彥『私の戦後追想』（河出文庫、2012年）に収められた「戦前戦後、私の銀座」というエッセイを読んでいると、戦前（昭和16年2月の話が少し前にあるからやや戦中かもしれない）の銀座の

ケチャップスパがとてもうれしい

「梅林」が出てくる。少し抜粋すると、

「……もう、戦争もはじまっていたころ、私は両親とともにニュース映画を観てから、和光の裏の梅林（珍豚《チントン》美人《シャン》）でとんかつを食べるのがなによりの楽しみだった。

　梅林の箸袋には、チントンシャンにちなんで、豚が三味線をひいている絵が描いてある。今はどうか知らないが、子どもの私には、これがおもしろくて仕方がなかったものだ」

とある。

　さすがは昭和2年創業の老舗《しにせ》とんかつ屋だ。現在は和光の裏ではなくて交詢社ビルディング近くの銀座7丁目に店は移っている。まだ訪れたことがなかったので寒い12月の平日、13時くらいに同店を訪れる。あ、満員だ。スゴイなこの人気ぶり。たまたまカウンター席が一つ空いて、すんなり座ることができた。お茶がすぐ出てくる。何にしようかと思ったが、カツライス９８０円が気になったのでそれを注文。メンチカツライス８８０円も気になるけど。高いロースかつ定食２７００円、ヒレカツ定食２６００円などもあるけど、安いのもあってエライなあ。お茶を飲みつつぼうっと待つ。店内のお客はさまざまで若いサラリーマン、熟年夫婦、セーター姿のおっさんなど。またみんな食べ終わるとさっさと出ていくので回転は早いようだ。

そんな様子を見ているとカツライス登場。これはハンサムなとんかつ定食だ。もってきてくれたお姉さんに聞くと、ライスとキャベツはお代わりできるそうだ。箸袋に絵はないけれど、「登録　珍豚美人」と記されているな。澁澤先生、

銀座は来るだけでときめくなあ

ちゃんと継承されていますぜ。

　ではまず、味噌汁とご飯のフタを取る。この作業はとてもいいですね。味噌汁にはあさつきと豆腐が入っている。実に味わい深い味噌汁。これはおいしい。飲めて幸せだと思いつつ、カツとキャベツにだらりとソースをかけて、右端から食べていく。衣はサクリとしている。肉は脂身がやや多いが、噛みしめるとおいしいタイプ。これは辛子がいるだろうと、塗って食べると、さらにグッドとなった。それにしても、とんかつを受け止めるご飯の炊き加減がとてもすばらしい。良いとんかつ屋って、間違いなくお米も味噌汁もおいしいんだよね。そんなことを思いつつ、もりもりご飯を食べる。なお、とんかつの付け合わせのケチャップスパも丁寧な味でおいしいし、ボリュームがある。伝統的にとんかつ屋には、このスパが付け合わせとなっていることが多いよね。ああ、おいしい。

　ちなみに今日は夜に宴会があるので、昼は控えめにしようかと思ったが、あまりにもご飯がおいしいので、とんかつ二切れとキャベツのお新香を少し残して一杯目を食べ切り、半ライスのお代わりをもらったのであった。


（2012年12月）

新宿「とんかつ伊勢」でロースカツ定食

新宿は都庁があることもあり、サラリーマンが多いのはよく知られている。また、大手町・丸の内よりも、より庶民的というか価格も安くレパートリーも幅広いのではないだろうか。とんかつ屋も、銀座などでは探しやすいが、大手町界隈だとチェーン系の店ばかり目に入ってしまうのは私の研究不足も多分にあるだろう。実際問題、諸事情があり、大手町界隈は他の街ほどふらつくことが少ない。最近でこそ、霞が関、日比谷、竹橋あたりで新聞社などの人と会うことが増えたので大分土地勘も出てきたが、それでもこのあたりで働く先輩諸兄にはかなわないだろう。

一方、新宿はそれほど得意な街ではなかったが、一応小田急線沿線に家を構えたことと、いろいろなところに行くときにも乗り換えることもあって、それなりに「空気」をかぎわけることができるようになった。また、実際とんかつ屋も良

日曜なのにランチをやっていてエライ

い店が多いことにも気がついた。以下でいくつか紹介する。

まずは「とんかつ伊勢」。日曜日に都庁にパスポートを家族で受け取りにきたとき、ご飯でも食べて帰ろうと地下街を歩いていて見つけた。正確には都議会議事堂の地下一階にあたる。こんな都心だから、高いのだろうと思って値段を見るとあにはからんや、なんとロースかつ定食８４０円とある。さらにご飯とキャベツはとんかつ屋の標準スタイルであるお代わりが可能なようだ。なんとステキなんだろうと、家族で入る。

店内はまさにざっくばらんな雰囲気で、おかみさんがすぐにお茶をもってきてくれた。何にしようかと思ったが、やはり王道のロースカツ定食を二人前と（子どももいたので）、もう一つはとても気になったチーズメンチカツ定食８００円にしよう。

おお、ちゃんと子どもには水も持ってきてくれたよ。店内はやはり同様にパスポートを取りにきた人々と休日出勤しているらしいサラリーマンたちで結構混んでいる。時間も14時過ぎと中途半端な時間でなおかつ休日でこれだけ混んでいるのは人気なんだなと思いつつ、お茶を飲んでいると、ロースカツ、チーズメンチカツともに到着。両方ともカッコいい定食だ。

私はとりあえず、ロースカツ定食を食べることに。ではまず味噌汁から。あさつきとしじみの味噌汁で実においしい。とんかつ屋はしじみの味噌汁のこともわりとあるなあと思いつつ、とんかつにいってみよう。油切りの金網の上に載っていて、キャベツもどっさりだ。ソースをかけて食べると（二種類あったが、濃口で）、サクリと揚がっていて肉も頼もしいおいしさ。うまいよ。それ以上にご飯がとてもおいしく、もりもりと食べてしまう。なんでもコシヒカリだそうだが、これは炊き方がとても上手なのだろう。子どももうまいうまいと食べている。

さて、チーズメンチカツのほうは妻が食べていたが、一切れもらう。これはもう、チーズの香ばしさと挽肉の肉々感、衣のサクサク感が重なってやはりおいしいのであった。ああ、ご飯が足りない。お代わりをもらおう。

（2012年3月）

新宿「豚珍館」で紙かつ定食

デジカメが壊れたので、新宿西口の高層ビル街にあるキヤノンのサービスセンターに出した。するとかなり早く直った（お値段は結構かかったけど）。引き取りにきたついでなので、ご飯を食べていこう。今日はとんかつ系だな。西口でとんかつならば、やはり「豚珍館」だろう。ここはヨドバシカメラ近くの小道のビルの二階にある。

訪れたのは平日の13時半だったが、まだかなり混んでいて、ちょっとだが店の外で待った。その間に注文を取りにきたので何にしようかと思ったが、どうも気になる「紙かつ定食」にしよう。６００円。安い。紙のように薄いとんかつとは言っても、ご飯と豚汁がお代わりできて、新宿でこの値段というのは奇跡だね。

注文を取ったら、すぐに店内に入ることができ、入口近くのテーブルで御同輩と相席となる。ゆえに軽く会釈して座る。熱いお茶が出てきた。ちょっと今日は暑かったので冷たいお水ももらう。その水を飲んでいると定食登場。薄いけれど大きな紙かつ二枚、キャベツ、パセリの載った大皿、豚汁、柴漬けのさらに刻んだものがやってくる。

この紙カツはおいしくする技術が高いのだろう

まずは辛子を皿に少しもらう。続けてソースは二種類あり、甘いのと辛いのがある。まずは甘いので食べよう。そしてドレッシングもあるのでキャベツにかけよう。ではまず豚汁から。細かい豚コマと大根が確認できた。それにしてもズイブンとコクのある豚汁。おいしいな。続けて紙かつ。薄いけれど柔らかくて箸で切れるほどだ。食べると衣はサクサクで肉は柔らかく、カツを食べている実感は強い。私は分厚いとんかつも好きだけど、こういう薄いのも大好きだなあ。さらにカツも好きだけど、カツとともに食べるご飯も大好きなんだよね。そう考えると、この紙かつは主張しすぎない分だけご飯をおいしく食べることができる良き伴走者であると言えるね。

途中で食べる柴漬けのみじん切りも口直しにちょうどいい。

かくしてカツ一枚目を食べ終えた後、二枚目を辛い味のソースで食べることとしよう。店の人に頼んでご飯のお代わりをもらっている間に、キャベツを食べる。むむ、このドレッシング、甘くてなおかつピリっとする味。これまた記憶に残りそうなおいしさなのだった。

（２０１２年９月）

池袋「とんかつ清水屋」でロース定食

池袋駅で西武池袋線からＪＲ山手線に乗り換える。ご飯を食べていこう、今日はとんかつ気分だなと思う。そこで明治通りにある「とんかつ清水屋」に向かう。この店は「富士そば」の二階にある。小さな店だが、安くてなかなかおいしいのだ。入店すると13時半なので誰もいない。窓際のテーブル席に座り、メニューを見るとホタテフライ定食８４０円がとても食べたくなる。しかし当初の気持ちであるカツを貫徹することとし、ロース定食８４０円を注文。ヒレだと１０５０円ですね。

注文するとお茶と漬物（沢庵、サクラ大根）が出てきた。ここはお代わりはできないが、

豚汁もおいしい！

ご飯の大盛りはタダなのでそうしてもらい、ちょっと暑かったのでお水ももらってそれを飲みつつ待っていると、定食登場。カツもでかいし、キャベツもどっさりだ。キャベツの刻み方も家庭的で実にいいなあ。さらにご飯は本当に大盛りで食べがいがありそうだ。

まずは汁をいただく。豚の脂身がたくさん浮いていて、まさに豚汁。飲むとキャベツ、大根、人参、さらに脂身だけではなく肉も入っていておいしい。ではとんかつに行ってみよう。ソースをだらっとかけて辛子を少しもらって準備完了。ロースらしい脂ギッシュなおいしさ。８４０円としてはかなり健闘しているカツだ。肉自体の厚さも結構あるし、何しろこれだけ大きなカツだとご飯のおかずとしても困らない。……困らないどころか、とんかつもご飯もたくさんあるので、これはもう全力で食べるしかないなあと、ガガガとご飯とカツを食べ始めたのであった。

（2012年6月）

巣鴨「とん平」で串カツ定食

巣鴨に来た。この駅付近だと「とん平」がおいしいらしい。店は北口のバスターミナルすぐのところにある。ビルの一階。13時過ぎに入店し、空いていたテーブル席に座る。ロース定食1500円、ヒレ1700円など。ちょっと高めか。何にしようかと思ったがここは串カツ定食1350円にしよう。串カツはとんかつ屋の中では値段は安めだけど、結構店の実力が出るのだ。昔横浜の白楽《はくらく》に住んでいたとき、とんかつ屋で串カツ定食をよく食べていたのを思い出すなあ。

とりあえず、注文してしばし待つことに。メニューにはライスお代わりが150円と記されていて、ちょっとさみしいなと思いつつ出てきた麦茶を飲む。店内はとても清潔な感じでいい。私の隣ではイカした赤いシャツのアニキがとんかつを食べていて、なんだかカッコい

豚汁にはゴボウも入っていた！

いなと思っていると、串カツ定食登場。

実にデキそうな串カツだ。串カツが二つと、沢庵と高菜漬けのお新香、豚汁、ライスというオーソドックスなパターン。まずは辛子をもらい、ソースを串カツとキャベツにかけて準備は完了。

ではまず豚汁から。豚コマ、ネギ、豆腐、そしてゴボウが入っている。ゴボウと豚肉のダシがきいていて、とても味わい深い。これは大人の豚汁というところか。ジャガイモ、タマネギが入らないことで甘さがおさえられるのだろうか。うーん、やはりこれはあなどれない店だ。

続けて串カツ。真っ二つにタテに包丁が入っていて、箸でゴロンとさせると、実に実に美しい串カツの断面。ネギと肉がきれいに配置されている。串を抜いた後も美しい。これは間違いないだろうと口に

美しい断面

入れると油が見事に切れあがり、衣はサクサクで絶品の仕上がり具合。ネギが肉の間に入ることにより、さわやかさが増すので私は串カツが好きなんだよね。ゆえにモリモリとご飯を食べていると、赤いシャツのアニキがキャベツのお代わりをもらっていた。キャベツはお代わりできるらしい。それにしてもこの串カツのうまさはただごとではなく、ご飯一杯だけでは堪能できない。やむを得ない、150円払ってお代わりをもらおう！

「すみません、キャベツ、ご飯、そしてお茶のお代わりください！」

と、トリプルお代わりをお姉さんにお願いしたのだった。

（2013年9月）

渋谷「蓬莱亭」で特製ソースカツ定食

実は渋谷にはいくつかよいとんかつ屋がある。特徴としてはユニー

キャベツの上にカツがいるというのもいい

ク系も多いことだろう。ということで、とりあえず、ここでは直球系のステキなお店を二店紹介するにとどめるが、別ページで渋谷系とんかつ屋はまた登場しますのでご期待ください。

さて、渋谷のとんかつ屋の中でも、直球系でなおかつ、価格、サービス、味のトータルバランスがとれていてステキなのが「蓬莱亭《ほうらいてい》」だ。明治通り沿いのビルの地下一階にある。すぐそばには、渋谷ヒカリエという東急文化会館跡のスゴイビルが建っているけど、この店は変わらなくてイイね。

13時くらいに店を訪れる。特製ソースかつ定食880円を食べよう（ロース。ヒレは1000円）。地下一階の店内に入ると、わりと空いていたので二人がけのテーブルに座る。お姉さんが「熱いお茶と冷たいお茶とどちらがいいですか？」と聞くので、冷たいのをもらう。グラスで持ってきてくれてうれしいねとゴクゴク飲む。ちょっと御手洗いに行って、戻ってくると、定食登場！　おお、大皿にキャベツが敷かれてカツが載っている。これはカツの油が次第にキャベツにしみ込んでおいしくなっていくのだ。

ではまず、おつゆから。豚、ゴボウ、ネギの入った豚汁。いいダシがきいていてとてもおいしい。続けて辛子を取ってカツにベタベタ塗って、食べる。うむ、カツの脂ギッシュなパワーが全身にみなぎるなあ。お米の炊き加減も抜群でもりもり食べちゃうよ。うれしいことに、この店はお代わりOKなので、もう一杯ご飯を食べちゃおうと思って、二切れ目のカツに箸をのばしたのであった。あっ、この店お新香もおいしいです。

（初出：一個人WEB　2011年10月をやや改造）

渋谷「かつ吉」で豪華なてごねかつ定食！

渋谷で豪華なカツということならば、「かつ吉」。私にとって自腹で食べられる最高グレードの昼飯というところだ。今回訪れると、「お昼の銘柄豚てごねかつ定食」が1260円。これにしよ

さあ贅沢するぞ！

とても立派な看板。「天狗煙草」からの伝統を示している

う。ランチ以外だとやはり高くて銘柄豚ロースカツ定食の小が1900円というところだ。

店は渋谷警察署のそばにあり、ズイブンと風格のある店構え。地下にある店舗に階段を下りていくと、まるで蔵のような入口。ところがこれが自動ドアなのだった。店内に入ると店の中も蔵のような風格のある民芸調。店員さんに案内されて、二人席に座る。二人席とは言っても、ゆったりとした席で落ち着けていいな。やってきたお姉さんにてごねかつを注文。するとご飯が青じそご飯か普通のご飯か選べるそうなので、青じそご飯にしてみよう。

注文して、ちょっとトイレに行く。トイレは店の奥なのだが、途中に天狗煙草の大きな看板が飾りとして掲げられている。実はこの「かつ

野菜関係もとてもおいしい

実は挽肉。軽やかでステキな味

吉」の創業者吉田吉之助は、煙草民営時代を代表する「天狗煙草」の岩谷松平の息子なのだそうだ（荻昌弘『歴史はグルメ』の「豚と天狗」）。

岩谷松平は煙草の事業を政府に売り払った後は、新規の事業の一つとして、養豚も手がけ、渋谷から恵比寿寄りの敷地の一部に飼育場を設けていたそうだ。吉田氏はその事業を心でついでいるからだそうだが（『歴史はグルメ』より）、この「かつ吉」渋谷店がその飼育場からそれほど遠くないのもなかなか面白いところではある。

ということで、看板に感心して席に戻ると、お姉さんが薬缶とお茶をもってきてくれ、続けて三種の漬物と野菜サラダがボウルごとやってくる。これらも食べ放題。そうは食べられないけどねと思いつつ、野菜サラダを小皿に取ってドレッシングをかけてポリポリ食べていると、ご飯、赤だし、そしてカツがやってくる。いやあ、豪華だな。さあ食べるぞ。

まずは赤だし。豆腐、なめこ、三つ葉の入ったとてもなめらかな味。うめえ！　気持ちが落ち着いたよ。続けてカツ用のソース皿にソースを入れる。ソースは辛口と甘口があるが、今日は甘口で行こう。さて、てごねかつというのは実は挽肉で、いわゆるメンチカツなのだった。手前の一切れから取って、ソースにつけて食べると、サクリと揚がっていて、軽やかでステキなメンチかつ。最高だね。

続けて三種類の漬物を端から食べよう。まずはカブ。これは甘酢で私的には好き。子どものときはカブの甘酢漬けなんて見向きもしなかったのになぜ大人になるとおいしく感じるのだろうか。続けて隣はナムルのようだ。ショウガだろうか、ちょっとピリッとしているな。そして次はキムチ。これはもうおかず力爆発のご飯どんどんやってこい系漬物。ご飯を食べてしまう。続けてサラダももりもり食べる。大体この「かつ吉」はカツ以外の漬物などもハゲシクおいしいので、ご飯がどんどん進んでしまうのだ。

ということで、ご飯がなくなったので、今度は白いご飯でもらうことにする。あっ、青じそご飯も風味があっておいしかったけど、やはり私は白いご飯が一番好きだな。お代わりのご飯がくるまでにふたたびサラダをポリポリ。昔はこのサラダボウルをお代わりしていたけど、もう今は食べられないなと思いつつ、到着したお代わりの白いご飯を受け取り、ふたたびカツとご飯大会に突入したのであった。

（2013年1月）

とんかつは目黒に限る

「サンマは目黒に限る」と言った落語じゃないが、なぜか目黒にはとんかつの名店が多い。その発生理由はいまひとつよくわからないが、発展する理由は推察できる。それは住民とサラリーマンが両方多いことだ。東急線もあるせいで、サラリーマンは移動途中で食事を取らねばならないし、沿線には住民も多いので外食需要も結構あるのだろう。

ということで、目黒駅周辺の名店を三つほど紹介しよう。なぜかヒレかつだけを食べることとなったが、かなり店によって違いがあることが結果としてわかった。

目黒「かつ壱」でヒレかつ定食

目黒駅前にある「かつ壱」がおいしいと聞いた。それならばと平日の11時40分、たまたま目黒駅に通りかかったので、訪れることとしよう。たまたま同じオフィスのとんかつ好きのKさんと同行している。ちなみにKさんとは「KKK」（Kさんとカツ〔K－ATSU〕を食べる会〔K－AI〕）というのを結成しているのだった。

さて、店は駅前のビルの地下1階にある。すでにサラリーマンの軍団がわれわれの前をワイワイ言いつつ店内に入っていく。その後ろについていくと、すでに店内は客がモリモリ！　たまたまカウンターに二人分空いていたので座る。さて何を食べようかと思ったが、私はヒレ、Kさんはロースを注文。ともにランチなので1050円。目の前にはキャベツなどをセットしたお皿が積まれていて実に壮観。

半ライス追加で食べちゃいました

注文すると、おしぼり、冷たいお茶、お新香が出てくる。お茶は机の上にポットがあって、勝手に飲めるのがいいね。お茶を飲みつつカウンターの中を見ているとオヤジさんが手際よくカツを揚げているのがよくわかる。うーむ、カツカレーもスゴイボリュームでとてもおいしそうだ。サラダもつくし。これで900円はいいなと思っていると、われわれのカツが揚がったようだ。カウンターの向こうからオヤジさんが皿を差し出してくれる。……これは、すばらしい、すばらしいヒレかつ！　大きくて厚いヒレかつが三つも！　それが包丁できれいに二つに切られているよ！　さらにポテトサラダ、山盛りキャベツ、レモン、パセリが添えられている。もう、何がなんでも早く食べたい！　という気持ちを抑えつつ、まずは味噌汁を。シジミとアオサも入っているよ。とてもイイ味。味噌汁でほっとしたところで、カツにソースをかけてレモンを絞ってさあ食べよう。

……グググ。なんという肉厚！　なんというジューシー！　なんという肉のウマさ！　すばらしい！　こんなにおいしいヒレかつを食べたのははじめてだ！　揚げ方のサクリ感もいいが肉自体がおいしい。「私のもスゴイですよ〜」と実はできあがったときにKさんと一切れずつ交換していたのだ。もらったロースかつを食べるとこれも絶妙。ロースの脂ギッシュなおいしさたっぷり！　当たり前だけどヒレとロースだと味が違うなあ。それにしても柔らかくてうまいカツだ！

ご飯の量は控えめなのだが、これはカツの量が多いからだろう。ただ、これだけおいしいヒレかつだと、ご飯をもっと食べたい。見ると半ライス１００円とあったのでそれを注文。そうこうしているうちに店は大変な混雑となっていて、店の外に客が並んでいるよ。こりゃ大変だなと思っていると半ライス登場。食べているとどんどん苦しくなる。カツの量が多いからな。カツのおいしさもさることながら、ご飯よりもカツでおなかがいっぱいになっていくというのもなかなかない体験だなと思いつつ、またヒレカツをかじったのであった。

今度はカツカレー食べよう。

目黒「とんかつ大宝」でもヒレかつ定食

（2012年10月）

目黒駅から目黒通りを権之助坂に向かって下っていく。目黒って土地に起伏が結構あって面白いね。アーケードのある商店街を歩いていくとあるのが「とんかつ大宝」。ここも目黒とんかつ御三家の一つ。ランチのラストオーダーは14時30分。店に滑り込んだのは、14時過ぎだったが、店内に入ると結構満員だな。カウンターに空いている席があったので座る。ランチはひれ、チキン、ロース、メンチの4種類でどれも1050円。ライスとキャベツはお代わりできる。よし、今日はヒレにしよう。

おしぼりとお茶が出てきたので、お茶を飲みつつ待つことに。私の後に、サラリーマン二人が入ってきた。どうやら先輩、後輩みたいで、「よく来るんですか?」と後輩が先輩に聞いている。先輩がごちそうしてくれるのだろうか。こういうのもよく見るサラリーマンとんかつ事情だなと思っていると、まずサラダとお新香がきた。お新香は大根、柴漬け、人参。

噛みしめるとおいしさぎっしりのカツ

サラダはレタスとトマトでマヨネーズが添えられている。カウンターの中では、おかみさん、おじさん、お姉さんが絶妙のチームワークで切り盛りしていて、どんどん定食ができている。かくして、「二番さん、あがります」との声とともに（私の席はカウンターの奥から二番目）、とんかつ、ライス、味噌汁の順に到着。これはおいしそうだ。カツが三つだな。まずは味噌汁。豆腐とネギが具。淡泊でじわじわとうま味が口の中で広がる味噌汁だ。続けてカツとキャベツにソースをかけて辛子をもらってさあ食べよう。カツは薄めだが、サクリと揚がっていて、なおかつ肉のおいしさぎっしりという感じで噛みしめると実にいい。

さて、ここでサラダを食べておこう。サラダが別盛りというのも珍しい。キャベツもあるのにねと思いつつ食べてふたたびカツに突入。今日はお代わりは食べないつもりだったが、あまりのカツのサクサク感と肉のうま味のために半ライスをもらうこととしたのだった。

（追記）私がお代わりをもらったタイミングで、なぜか他の客も一斉にお代わりをしたため、ご飯がなくなってしまい、しばし待つこととなった。

（2013年1月）

目黒　いよいよ「とんき」でヒレかつ定食

土曜日。これから私はオフィスのある恵比寿から幕張に泊まりに行かねばならない。翌日早朝のイベントに備えるためだ。その前に夕食を食べていこう。こういうタイミングを待っていたのだ！　16時から開店する目黒の「とんき」に挑戦しよう。恵比寿から目黒は一駅。目黒駅を西口に出て坂を下り、ちょっと曲がったところにあるのが「とんき」。おお、巨大な店だ！

二階で楽しそうに食べている姿が影絵のように見えるよ。「とんかつ」と大書された暖簾をくぐり、引き戸から店内に入るとほぼ満員！　カウンターにずらりと老若男女が座ってカツを食べている。この店は、ロース、ヒレかつ定食だと１８００円、串カツ定食は１３５０円だ。やはりヒレだろうと注文。隣の御同輩はビールを飲んでいて、ちょっとうらやましいが、私はとんかつ定食の前にビールを飲んでしまうと、ご飯を食べられなくなるのでここは我慢しよう。

大きな白木のカウンターの客席サイドの後ろには服かけと腰かけがあったので、そこにダウンジャケットをかけ、カバンを置いて、おしぼりとともに出てきたお茶を飲みつつ待つことに。それにしても店員の数は多いなあ。カウンター内部には、キャベツ、トマトなどを皿に盛り付けている店員が見える。そんな光景を見つつ、今度は串カツも食べてみたいものだと考える。さらに見ていると、とんかつを揚げる人、とんかつを切る人など分担が決まっていることがわかってきた。まあ、これだけの客に応じるには分担したほうがいいだろうなと考えていると、お新香、豚汁、ご飯が出てきて、ヒレかつが登場。登場する前に「あれが私のヒレかつだろうな」と流れ作業で「あたり」をつけていると、それは正しかったようだ。

スゲー！　カッコいい！　とても美しいヒレかつ。ではまず豚汁から。豚コマ、豆腐、ネギの入った熱々の豚汁。うめえ〜。こりゃおいしい豚汁。あったまるなあ。続けてヒレかつ。なぜか右下二番目の一切れにちょっとだけソースがかかっている。それから食べてみよう。おお、衣が薄くてサクリと揚がっている。肉は柔らかくなおかつ嚙みしめるとうま味が出てくる。ともかく肉が厚くて豪華。1800円出しただけのことはあるなあ。ではカツ全体とキャベツにもソースをかけて食べよう。ご飯のお茶碗は小ぶりだが、持ち加減がよくてどんどん食べられるよ。カツとご飯の合間にキャベツも食べるが、千切りの具合が絶妙でこれはどんどん食べてしまう。当然、キャベツに添えられたパセリもトマトもおいしい。

つまり、全部おいしい！　もっとも一番おいしいのは肉。分厚くておいしい豚肉を食べている充実感がある。衣が軽やかなため、カツと衣が分解しやすいので、ご飯と一緒に食べるときは再度の合体作業が必要となる。言いかえれば肉だけでも食べられるが、断然衣と肉を一緒に食べたほうがおいしいね。

かくしてご飯とキャベツがなくなりかけたとき、カウンター内を回っているお兄さんに「お代わりを」と言うと、お茶碗をもっていってすぐにお代わりをもってきてくれる。間合いが実に絶妙。キャベツもすぐに追加してくれて、とてもご機嫌になる。この店の気の利き方はスゴイな。そういえば、お新香のキュウリと沢庵にちょっと醬油がかかっているのもい

大ごちそう！

い。これをご飯の合間にポリポリ食べるのもおいしい。

いやあ、さすがにキャベツとご飯を二杯ずつ食べると腹いっぱいになってくる。ご飯も残り少なくなってきたので、最後はお新香で食べようかとも思ったが、やはり「カツと米」だろうと思い、「有終の美」用にと置いておいた最後のカツとともにご飯を食べたのであった。ああ、満足。

（追記）食後に再度おしぼりが出てくるのもエライね。

（2013年1月）

目黒「丸栄」でランチのカツ定食

目黒でとんかつということで、自由が丘も実は目黒区。こちらの名店も紹介しよう。店名は「丸栄」。実は以前からものすごく気になっていたが、なかなかふんぎりがつかなくて店に入ることができなかった。今回本書執筆もあったので、意を決して食べてみることとした。

平日の13時すぎに店を訪れる。昼の混雑は去ったようで、先客が一人だけ。カウンターの一番奥に座る。昼のランチは「カツ定食」「コロッケ定食」「焼肉定食」で各９００円。表に数量限定とあったので、カウンター内の店の人に「ランチのカツ定食はありますか？」と訊《たず》ねると、ＯＫとのことでそれを注文。ちなみに、焼肉には×がついていたので売り切れたのだろう。出てきたお茶を飲みつつ待つことに。ちなみにここはフライパンで揚げるそうだ。店内にはテレビがついていたので、昼の情報番組をぼんやりと見る。この昼下がりのランチタイムにぼーっとテレビを見ているのは実にいいね。

かくして、味噌汁、漬物、ライス、そして続けてカツが登場。うーむ、小麦色に日焼けし

日焼けした少女のようなカツ

た少女のような色のカツだ。揚げたてでジュージュー音を立てていて、すぐに食べたくなるが、まずは我慢して味噌汁からいただく。ワカメと小さくさいの目に切られた豆腐が入っている。飲んでびっくり。ものすごくいい味噌汁。ダシと味噌のバランスがとてもいいのだろう。ずっと飲んでいたいけど、カツにいこう。これもうまそうなんだよね。

期待に胸を躍らせつつ、カツにソースをかけ、辛子をお皿のはしにつけてさあ食べよう。……肉がみっちりつまり、衣はとても薄い。肉のおいしさはもちろんのこと、なんとも香ばしい！おそらくロースだろうが、嚙みしめると肉のおいしさとともに香ばしさが口の中に広がっていく。すごいなあ。もっと早くくるべきだったと後悔しつつ、もりもり食べる。お代わりの小ライスは１５０円。しかし、ご飯の盛りがいいのと、カツとご飯の運用関係ではちょうどよさそうなので、お代わりなしですみそうだ。

さらに付け合わせの大根の漬物も大ぶりのカットでバリバリ食べると実にいい。ステキなとんかつの相の手となっているよ。そしてさらにおいしい味噌汁を飲みつつ食べ進めていると、隣のご老人はランチタイムなのにどうやらヒレカツ定食１７２０円を食されているようだ。ちなみに、同店のランチ以外は汁で値段が若干変更となり、ヒレカツで赤だしなら１７５０円、なめこなら１８００円となるそうだ。ご老人は食べ終わってさらりといなくなったが、入れ替わりに若い女性とご婦人がそれぞれ別の客として店に入ってきて、若い女性はランチを注文。綺麗な女性で高めのイタリアンなどでランチを食べていそうな女性が普通に入ってきてランチを注文したのにも面食らったが、もう一方のご婦人もすごかった。「ヒレカツ定食、ビール、そしてヒレカツをお土産でつくって」と、思わず気を失いそうになるほど豪華な注文をしたのだった。

いやはや、自由が丘おそるべしと思いつつ、おいしいとんかつの二切れ目を食べたのであった。

（２０１２年11月）

第2章
とんかつと学生

三田「とん太」

若者、特に男子が育っていくためには、強い栄養が必要だ。強い栄養を持っていそうな食べ物の中では、やはりカツは目立っている気がする。この章では、そんなとんかつと学生の成長の関係を考察していく。実はとんかつの発展において、学生の存在は決して小さくはないのだった。

肉と米と油と小麦……若い男の大事な四大構成要素

昼間、いろいろ用事があって中学・高校・大学に行くことが多い。中でももっぱら私立校が多く、昼時になると「よかったら食堂を利用してください」とお誘いを受けることもある。この場合、男子中学・高校、それも明治時代から続くような伝統校になると、著しい傾向が見られる。それはメニューが非常に男らしいのだ（当たり前だけど）。

どう男らしいかと言うと、男が普段食べたいものがメインになっているということです。大体、それら料理の素材は非常に偏っていて、ほとんどは「肉」「米」「油」「小麦」で構成されているのだった。元気の良い男子が食べたいメニューというのはこの四大要素で成立しますわね。

たとえば、カツカレー、かつ丼、カツライス、肉丼（豚）、肉を鳥に代えて唐揚げ定食、唐揚げ丼、米を麺に代えて、チャーシュー麺、唐揚げラーメン、肉そばというようにだ（麺にはライスをつけます）。今は調布に移転してしまったけれど、以前は明治大学駿河《するが》台《だい》キャンパスのすぐそばにあった明治大学付属明治中学・高校の学食は、この四大要素をとても色濃く満たしていて、驚いたことがある。

さて、この明大明治の学食に限らず、男子校の学食においては、「野菜問題はどうなっているのだ？」と心配になる読者もいると思いますけれど、食堂の方々はちゃんと配慮して野菜関係、そして魚系もしっかりと用意はしている。しかし、男子学生の諸君は、ひたすら「肉！　米！　油！　小麦！」を食べ続けるのであった。さらに大体彼らは自宅で朝と夜は食事をしており、そこで母親によって野菜などの栄養バランスはしっかりと摂取させられているので、あんまり心配はいらないのであった。

最近でこそ、栄養バランスを食堂は提案し、男子もまたやや草食化はしているものの、実際に観察している立場からすると、基本は今でもこの四大要素が大好きで、放っておくとこればかりを食べたがる傾向は変わらない。やはり、エネルギー（熱量）とタンパク質を欲しているのだ。自宅から持ってきた弁当を早々に食べてしまい、再度学食でカツカレーを食べるなんて剛の者も、今なお存在している。

もともと、学食というのは、家庭から離れ、お金を自分で払って自分の意思ではじめて食べる食事だ。自宅から通いつつ学食で食べる場合は、自分で決められるわけだから好きなものを食べたがるのは自然な流れだろう。そこで自分で選択して食べる喜びに目覚め、高校とかになると、少しずつ学校の外で食べることも覚え始めるものだ。

大学で目覚める外食の「とんかつ」のうまさ

かくして男子は高校を卒業して大学生となる。東京や大都市圏で高校までを過ごしたり、前述したように学食や近隣の飲食店に出入りすることに慣れている学生も、地方から出てきた学生も、少なくとも昼飯は外食をせざるを得ない状況となる（中には弁当を持ってくる連中もいるだろうが）。後述するように学食は現在非常に発展しているものの、大学の立地次第ではキャンパスの周辺で食事をする楽しみに目覚めることも多い。

典型的な例では駿河台界隈だろう。神保町、御茶ノ水、水道橋各駅を最寄りとするこの地域は、私は定食の聖地、黄金郷《エルドラド》と呼んでいるが、大学もまた明治大学、日本大学、専修大学と各種あり、学生もわらわらといる。昼時になると学食に飽きたり、チャレンジ精神が高かったり、目的の店があったりと、さまざまな理由から学生たちはキャンパスの外に出ていく。外で食べたがるものの、前述の四大要素を多分に含んではいる。2013年現在、おそらく大学生が学外で食べる四大要素を含んだ食べ物で最も人気があるのはラーメンだろう。脂のコクの強いおつゆに入った麺、そして、チャーシューミニ丼などをつければ完璧ですな。もちろん、いつもラーメンばかりを食べているわけではなく、とんかつ、洋食、カレーショップでカツカレーなどと、カツ系メニューも堪能する。

自宅生と下宿生の志向と嗜好

さて、自宅通いの大学生と地方から出てきて下宿している大学生の場合は、食べ物に対する姿勢が基本的に異なってくる。前述したように、自宅から通う大学生は家庭に戻ると基本的に栄養バランスの保障はされているため、昼ご飯は好きなものを食べることができる。それに比べ、下宿している大学生はよほどリッチな実家を持ち、多額の仕送りをもらっていない限り、常に経済問題と栄養問題のバランスを考えねばならない。つまり、「安く、栄養のあるもの」ということだ。

私も、この二つの問題に着目した結果、これを解決するのは定食しかないという結論に行き着き、さらに定食好きとなり、挙句の果てに定食評論家になってしまったが、私が上京した1986年と現在の2013年とでは、大学生の置かれている状況がかなり異なってはいるものの、この二つの問題に着目せざるを得ないことにはあまり変化がないだろう。

また、仕送り額の平均は私の頃よりそんなに増えていないようだ。各種調査があるが、2013年前後の大学生の仕送り額の平均は月に7～8万円程度の模様。実は私も学生時代に実家から月に8万円もらっていたので、ほとんど変化がないか、むしろ下がっているようだ。この中から下宿の家賃を払い、さらにかつては固定電話代くらいしか存在しなかったのと比べてスマホなどの通信費を考慮すると、経済状態は相当厳しいものとなる。

ちなみに学費はかつてより高くなったこともあり、奨学金を借りるケースも最近は増加の一途をたどっているそうだ。文部科学省の「(独)日本学生支援機構（JASSO）の奨学金貸与事業の概要」によると、2012年度で大学生の約三名のうち一人が奨学金を借りている。このあたりはわれわれの頃とは随分様相が異なっている。

かくして現在の大学生は、食費を切り詰める傾向があり、学食はもちろん、コンビニで買ってきた弁当やおにぎりだけで昼食を済ませるケースも多いようだ。

ただ、経済状態よりも、むしろその大学がどこに位置するかによって、昼食状況は異なる。大学がたとえば八王子など郊外にある場合は、学食に依存せざるを得ないし（たとえば中央大学多摩キャンパス）、街の中には近いものの、オフィス街的ニュアンスが高い場合は、物価が高いので、学食かコンビニに頼ることとなる。住宅街にある場合も、外部での食料調達がスーパーくらいしかないので必然的に学内で食べることが多くなる、というようにだ。東武線の松原団地駅を最寄りとする獨協《どっきょう》大学などが該当する。

一方、前述した駿河台界隈のように古くからの学生街にある大学は、街自体に包容力があり、学食以外にも安くておいしい食事をとれる店が多い。いつもは無理かもしれないけど、アルバイトなどをしてまとまったお金が入れば、それなりにおいしいものにありつくことができるのだ。

そんなとき、特に男は自分の血となり肉となってくれる、前述したような四大要素を含む食べ物を欲することとなる。しかし、自分で稼いだ大事なお金だからこそ大事に有効に使いたい。つまり、栄養と価格のバランスである。そんなときに出てくるのが、学生街のとんかつ屋であったり洋食屋なのだ。

最初は、特に地方出身者は学食以外で食べることには躊躇《ちゅうちょ》するが、最近は事前にキャンパス周辺の情報を知っていたり、場合によっては親切にも大学案内にキャンパス周辺の食事事情まで記してある場合もあり、情報はすでに持っていることが多々ある。加えて、たまたま大学で友人になった自宅生に連れられて、とんかつ屋に入るなんてことはわりとあるシチュエーションだろう。

また、自宅生のほうも、当初は四大要素だけにこだわっていたけれど、やや大人になったのであらためて野菜のおいしさに目覚めるというケースもある。ちょっと大人になったのか、とんかつとともに食べる千切りキャベツや、豚汁の中に入っている大根のうまさにしみじみと気がついたりするのだ。

それでは、以下で、都内のいくつかの学生街を回り、とんかつ屋の紹介を兼ねつつ、街の紹介をしていくこととしよう。

定食の聖地、神保町ととんかつ……中国人留学生の存在

最初は駿河台、つまり神保町界隈である。前述したように定食の聖地であるが、この街に

は（学生街的）おいしいカツを食べられる名店がいくつもある。ラーメン屋、カレー屋などを中心に競合相手も多いため、味と価格を磨かざるを得ない。ゆえに「安くて」「量があって」「おいしい」という学生街的な三大特徴を強く持つ。

また、とんかつ専門店だけではなく、洋食店も強力なカツ提供店であることを忘れてはいけない。そもそもとんかつ屋は洋食屋を祖とする場合が多いが、この定食の聖地では今なお、洋食店はおいしいカツ、もしくはカツ系メニューでわれわれを楽しませてくれるのだ。

店の種類ということで、神保町界隈で忘れてはいけないのが、中華料理店。最近は新しい店が増えたが、もともと伝統ある中華料理店の多い地域である。というのも、これは中国人留学生の存在が大きかった。その始まりは日清戦争終結後の１８９６年にさかのぼる。この年に13名の留学生がやってきて以降（その以前にも来ていたらしいが）、日本への留学生が徐々に増えていった。日本は中国から距離も近く、費用も安く、西洋の知識も日本語を通じて学ぶことができるからである。

それに対して日本の私立学校も留学生を受け入れる体制を整えた。少し例示すると、法政、明治、早稲田などかなりの数の大学が受け入れ体制を取り、結果として１９０５〜０６年には８０００とも１万を超えるとも言われている中国人留学生が来日し、そのほとんどが東京に集中した。東京の中でも、神保町界隈に留学生は集中したわけだが、この背景には猿楽町《さるがく》あたりに多くの下宿と日本語学校、予備校があり、さらには前述したような中国人留学生を受け入れる大学も多かったことなどがある。

そして彼らは豚肉を主菜としており、煮物と汁とご飯などの日本の食事にはなかなか適応できなかった。そのため、留学生たちに食事を提供するために中華料理店がいくつも開店したのである。具体的には、1899年に「維新號」(後に銀座に移転)、1906年に「揚子江菜館」、1911年に「漢陽楼」というようにである。

おそらく、中国人留学生たちがこれらの店などで豚肉を食べるのを見て、冒険心に富んだ日本の学生たちも豚肉を食べ始めたのだろう。以前早稲田の「三朝庵《さんちょうあん》」でお話をうかがったとき、そんな話が出た。同店は江戸時代からの老舗で、かつ丼元祖の店でもあるが、開化丼もまた名物で、なんとこれまた1882年からと歴史が古い。この開化丼は牛肉ではなくて豚肉を玉子でとじたものだ。開発した当時は牛めしが流行っていたが、同店の周りに多くいた中国人留学生が豚肉を食べているのを見て、「うちは豚にしよう」と考えたそうだ。このように、日本人が豚肉を食べるようになったのは、中国人留学生の影響が大きいのだ。

ゆえに、神保町でとんかつ系メニューが隆盛している背景にも、このように中国人留学生が豚肉を食べていたことが街の歴史として影響しているのではないだろうか。

なお、中華料理の中にもとんかつと非常に類似している排骨《パイコー》（骨付き豚肉を揚げたもの）がある。

それでは具体的に、神保町のとんかつ名店二店を以下で紹介しよう。

神保町「とんかつ　いもや」でとんかつ定食

神保町グルメの名店としては「いもや」の仲間たちを忘れることはできない。「天丼いもや」「天ぷらいもや」など、どこも値段が安くて、おいしくて、さらに店の入りやすさが特徴だ。田舎から出てきた大学生にとって、とても敷居が低いのがエライのだ。さて、今回はそのいもやの仲間の中でも白山通りにある「とんかつ　いもや」を平日の13時過ぎに訪れる。店はかつては飯田橋にもあり、近くで用事がよくあった関係上、飯田橋店をよく訪れたものだが、こちらの白山通りにも時折来ていた。ただ訪れるのは久しぶりですねえ。

ものすごく立派なカツ！

他のいもやたちもメニューはシンプルだけど、このとんかついもやもとんかつ750円とヒレ950円しかない。このメニューの簡潔さも田舎者にはうれしいところだ。さて、「とんかつ」と記された暖簾をくぐって入店し、カウンターに座る。結構満員である。まあカウンターしかないんだが。そして座ると同時に「とんかつ」を注文。出てきたお茶を飲みつつしばし待つ。100円のお新香を別注する方法もあるが、机の上に置かれた容器にはハリハリ漬が食べ放題であるので、大丈夫だ。このハリハリ漬がとてもおいしい。

ところで、あまりにも久々に訪れたので、細かいルールを忘れてしまった。お代わりはどうだったたっけ？そんなことを考えていると、私のとんかつが揚がったようで、まず味噌汁、ご飯、そしてとんかつがやってきた。とんかつを用意してくれた若いお兄さんに思い切って「半ライス、タダでしたっけ?」と聞く。すると奥のほうからオヤジさんが「50円です」と。ああ、そうだっけと思い出す。ちなみに、こういうことを普通に聞けるのは、上京して二十数年というキャリアのおかげですね（笑）。

さて、ではいただくこととしよう。まずは味噌汁から。これはしじみの味噌汁。気持ちが落ち着きますね。続けて、ご飯の上にハリハリ漬を少し多めにいただき、とんかつとキャベツにソースをたっぷりとかけ、辛子を少しばかりお皿にもらう。準備もできたし、さあ食べるぞ。カツの右端から食べていく。おお、脂身が少ないな。カツは肉の部分が豊かで、ザクザク揚がっている。ものすごく直球のとんかつだ。食べた後に香ばしい感じが口の中に残るのがいい。ソースも緩すぎもせず、濃くもなく、食べていてとても安心感があるなあ。

さらにキャベツもたっぷりとあり、これ以上お代わりをしようという気にはならないよ。ハリハリ漬もいつものようにおいしくて、ご飯も進むけれど、そもそもカツ、キャベツともに量が多いので、もしも半ライスをお代わりしてしまうと、食後に体内の血液のすべてが胃に集中して、はてしなく眠くなりそうだったのでやはりやめておこう。ゆえに、食べ進める運営計画は、カツを多めにご飯を少なめに食べることとしたのだった。

（2013年1月）

神保町「とんかつ駿河」でロースカツ定食

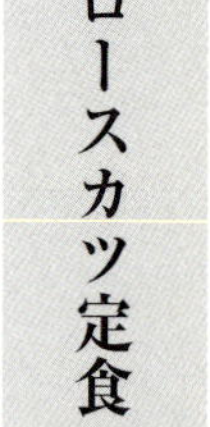

神保町というか駿河台の名店として名前は知っていたが、なかなかこられなかったのが「とんかつ駿河」。いつも中休みの時間か、店の休みの日に通りかかっていたからだ。今日は平日。昼抜きで17時過ぎというタイミングでようやく開店している状態にめぐりあえた。「とんかつ駿河」と記されてある暖簾をくぐり、戸を開けて中に入ると美しい店内。カウンターとテーブル席双方ある。時間が早かったせいかまだ先客はいない。カウンターに座り、何にしようかと思う。ロースカツ定食７００円、メンチカツ、アジフライも同じ値段でヒレカツとエビフライ定食は８００円。アジとエビのミックスフライ定食は７５０円。ここは直球でロースカツにして注文。出てきた水を飲みつつしばし待つ。

店内にはＫＡＲＡの曲がＢＧＭでかかり、なんとも緩い感じ。机の上には、辛子、醤油、ソース、マヨネーズがある。さらに店内の掲示を見ていると、ご飯のお代わりは１００円、スパゲティ、キャベツの大盛りは50円増しなのだった。スパゲティ大盛りということは付け合わせだろうなと思っていると、味噌汁、ライス、そしてとんかつがカウンターの中から出

スパの大盛りもやってみたい

てきた。シンプルだがこれはおいしそうなとんかつだ。

まずは味噌汁を。ワカメだけのシンプルな味噌汁だが、しみじみおいしい。これは力がある味噌汁だ。続けてカツに行ってみよう。こげ茶色にきれいに揚がったカツ。机の上にあったソースをカツにかけ、キャベツにマヨネーズをもらい、お皿に辛子を塗って準備完了。とんかつの右の端っこから食べていく。

うう。香ばしく揚がっていて、脂分も肉の部分も言うことのないおいしさ。やや硬めに炊いたご飯も実にいい。お代わりは１００円かかるというが、このご飯の量だととてもお代わりはできないよ。そしてこの店で特徴らしいのが、スパ！　ナポリタンというかケチャップスパがたっぷりと添えられている。食べるとこれはまさにパスタではなくスパゲティ的おいしさ。たしかに+50円かかったとしても、このスパをたくさん食べたい人はいるだろうなと思いつつ、スパをズルズル食べたのであった（すごい満腹に）。

（2012年12月）

とんかつ早慶戦

◆早稲田編

神保町に次ぐ学生街として、早稲田の高田馬場（〜早稲田）、慶應の田町（三田）がくるだろう。まずは早稲田からだ。丼本《どんぶりぼん》の聖典『ベストオブ丼　IN POCKET』によると、早稲田高等学院の二年だった中西敬二郎さんが1921（大正10）年にかつ丼を発明したとある。このかつ丼はかつ飯のさら飯を丼に入れ、その上にカツを小さく切って載せ、さらにソースとメリケン粉を煮合わせてぶっかけたものだったらしい。他にも江戸時代から続くそば屋「三朝庵」もかつ丼の祖を名乗っていたことは先ほど触れたが、どうにも早稲田界隈はカツに縁が深いのだった。『まぼろしの青春マップ・シリーズ　早稲田の学生街 60's-70's』

によると、かつ丼が登場する前の頃、つまり明治40年代から大正にかけて、早稲田にも数多くの洋食屋（ライスカレー、とんかつ）ができ始めたそうだ。

そして戦後にも数多くのカツを出す店が早稲田〜高田馬場には多くあった。本書に掲載されている店でカツを出す店をざっと記すと（本書は２００３年発行のデータ）、１９５７年に開店した「ＴＯＫｉＷＡ」は開店当初、カツライスは65円、64年開店の「まんぷく食堂」では串カツ定食が１２０円ぐらい、59年開店の「公洋軒」では03年段階で豚ロースカツ定食、チキンカツ定食がそれぞれ６５０円だった。これら三店は残念ながら13年は現存していないが、65年開店の「三品食堂」は現在もある。この三品とは牛めし、カレー、カツライス。開店当時あったカツライスはなくなり、学生の要望でカツ牛、カツミックスができた。カツライスというメニューはかつては学生にとって大事なメニューであったが、時代とともに衰退したのがわかる。代わりに、牛丼、カレーという強いメニューと合体させてさらに強力なメニューにする技術は、現在ではチェーン牛丼屋でもしばし見られますね。この三品食堂、ここ20年ほど気になっているのだが、まだ入ったことがない。なんとか近々に食べてみたいものだ。

ということで、この界隈のとんかつ事情は非常に奥が深いのだが、とりあえず、ここでは早稲田と高田馬場で一店舗ずつ紹介する。

高田馬場「とん久」でヒレ定食

高田馬場駅でJRを降りた。まあここから15分ほど歩くと早稲田大学なので、最寄り駅とも言える。地下鉄東西線で通学しない生徒、つまりJRや西武新宿線を使う学生は地下鉄代がもったいないので15分くらいは歩くことになる。ということで、駅前にも早稲田大学の「文化」の香りが漂うが、その一つが芳林堂書店。駅前ビルに入った大型書店だが、古書を売っていたりと個性が強い。さて、この芳林堂の入っているビルの地下一階にあるのが「とん久」。ここには15時までのランチがあるのだった。

店を訪れたのが14時過ぎだったが、まだまだ店の中は満員。カウンターのすみっこに座る。ランチはAロース、Bヒレ、Cメンチで、いずれも980円。これはヒレだろうと思って注文する。味噌汁は豚汁かしじみ汁のいずれかが選べるので、豚汁にする。注文すると、お茶、おしぼり、お新香が出てくる。机の上には、ソース、ゴマ、ドレッシングなどがあるね。カ

ものすごい実力のカツ

ウンターの中では、店員さんがとてもキビキビと動いている。これはとてもいい雰囲気だ。期待ができるなあ。ワクワクしていると、カウンターの中で「7番さん、あがり〜」の声とともに、ヒレかつ、豚汁、ご飯が登場。これはカッコいい定食。カツがきれいにこげ茶色に揚がっている。山盛りキャベツと大根おろしにネギ、そして辛子がカツの皿に添えられていて、ヒレかつは十文字に四つに切られている。

まずは豚汁から。脂身が上に浮いているタイプで、ネギ、ゴボウ、大根も入っている。これは肉と野菜のうま味がとても出ている豚汁で実においしい。続けてカツに。ゴマをどうしようかと思ったが、とりあえずすってカツの上からかけて、その上からソースをタラっとかける。それにしても肉厚のヒレ！

食べると柔らかくておいしいことこの上ない。こりゃ大当たりの店だよ。甘めのソースとの相性もよく、とってもごちそうだよ。980円とは脱帽ものだ。また大根おろしで食べる方法もあるのだろうが、私はソース、辛子のオーソドックスな方法で食べたかったので、その方法でワシワシ食べる。

キャベツも食べよう。ドレッシングは、トマト味と醤油味と二種類あるが、醤油でいってみよう。これはちょっと辛めで、サクサクと食べられるなあ。ご飯とキャベツは一回ずつお代わりできるけど、ご飯だけでいいか。お茶碗が小さめだからとキャベツも食べられるぞと油断をしていると、ヒレかつの量がすごいのでここはご飯だけお代わりにしておこうと思いつつ、「ご飯ください」とお茶碗を差し出したのであった（満腹。苦しい）。

（2013年2月）

早稲田「キッチンオトボケ」でチキンカツ定食

前述のとん久は、あまりにもタダシクおいしかったのだが、やはり早稲田となると、懐にもやさしくておいしい店を紹介せねばならない。

500円！　エラい！

そうなると、ぜひ紹介したいのが、「キッチンオトボケ」だろう。

ということで、ものすごく久しぶりにオトボケを訪れることにする。ここはもう早稲田大学のそばで、地下鉄早稲田駅も近いですね。ここはもう早稲田大学界隈はいろいろ用事もあるのでよく来るが、このあたりは食べねばならない店も多くて、オトボケには御無沙汰していたのだ。

さて、店の前に立って驚いた。なんとものすごく綺麗になっているじゃん！　外の看板なんかはピカピカだよ。時代の変化を感じるが、表のメニューで値段を確かめると、相変わらずのフレンドリーな値段。とんかつ定食６５０円、カツカレー６００円とすばらしいなあ。このカツカレーはとてもファンが多いんだが、私はここでよりリーズナブルなカツということでチキンカツ定食500円を食べることとしよう。店内に入り、ここは券売機だったことを思い出す。チケットを買って、壁際のカウンターに座る。ここは壁際、窓際のカウンター席か中央の大テーブルしか席がないのも潔くていいよね。かつて大学生のときはそんなことは考えなかったけど（笑）。

さて、着席するとお姉さんが水と交換にチケットを持っていったので、水を飲みつつしばし待つ。ちなみに机の上には、沢庵の入った容器とソース、醤油がある。隣の兄ちゃんはやはりカツカレーを食べているなと思っていると、チキンカツ定食登場。おお、相変わらずカッコいい！　巨大なチキンカツ二つとキャベツの千切り、ライス大盛り、味噌汁と文句なしの陣容だ。

沢庵をライスに少しいただいて、ではまず味噌汁から。ワカメとネギのシンプルな味噌汁でふつうにうまい。続けてカツにソースをジャブジャブかける。キャベツにもかけよう。あっ、辛子もあったんだな。これももらおう。よしカツ食べよう。ぶ、分厚い！　衣もザクザクだ。ただ食べるとさわやか鶏肉でサクサクと食べられる。衣もしつこくなく、これは量が食べられる。それにしてもご飯の量が多い。学生のときはこれを猛烈な勢いで食べていたが、最近はちょっと苦しいかなと思った45歳の春であった（でもおいしく完食）。

（2013年3月）

◆慶應編

慶應義塾大学の主なキャンパスは三田だろう。駅でいうと、JR田町駅と地下鉄三田駅となるか。特に田町界隈はサラリーマン勢力の強い駅だが、このようなビジネス街をキャンパスタウンとするあたりが慶應らしいといえば慶應らしい。ただし、以前はより大学生の街的要素が高かったらしい。池田彌三郎『私の食物誌』によると、

「三田の学生たちは、三田という街に、学生街らしい街をつくらずにしまったが、それでも今に比べると、街にはそうしたたべものやが点在していた。学生食堂に文句をつけるほど、学生は学校に期待していなかった」（「のっかり」）

この文章中にある「今」とはこの文章が東京新聞に連載されていた1964年のことで、池田は自分が三田（慶應）の学生であった戦前にはまだ学生街らしかったと証言しているのであった。

また、本書は戦前の三田界隈のとんかつ事情を窺い知ることができる貴重な書物でもある（全般にすばらしいのは言うまでもない）。池田は1914年生まれの国文学者で、実家は銀座の「天金」という天ぷら屋。彼によると、そのせいもあってか揚げものが好きで、西洋料

理ではカツレツをよく食べたそうだ。前述したように学生だった頃にはずいぶんととんかつを食べていた。

「……三田の学生だった時分、三田の界隈では、大和屋、明菓、白十字、三丁目、加藤、紅葉軒、三田バーといった店々があって、大ていの昼食はそれらの店のカツレツやカツドンですませていた」(「カツレツ」)。

また、時間とお金に余裕があるときは銀座の「煉瓦亭」や御徒町の「ポンチ軒」でカツを食べたそうだ。三田の店では「紅葉軒」のカツドンにかけてあるつゆがあっさりしていておいしかったし、「三田バー」のカツドンもカツの衣が薄くて、他と違っておいしかったそうだ。このように「かつ丼」を「カツドン」と池田は記しているが、学生用に店が工夫していたようだ。

「学生街のたべものは、お客が遠慮しなくてうるさいから、わりあいに、安くてうまいものがある」(「のっかり」)。

中でも、三田の「かとう」のカツライスの「のっかり」というのが名物だったそうだ。これはライスの上に、カツレツが、そえものの野菜といっしょに、載っかっているカツライスで、カツレツにはすでに「ホーク」が入れてあって、それに上からソースをぶっかけて食べるものだったそうだ。池田は近頃（１９６４年）のころもが厚くて肉とははなればなれになってしまうようなカツレッツとは違っているとも記している。

さて、２０１３年現在、三田（田町）のとんかつ事情はどうか。二店紹介するが、まるで池田の頃のように、価格が安くて工夫がなされていたのであった。

三田「ふくべ」でメンチカツ定食

田町駅周辺は、早稲田大学の高田馬場よりはるかにサラリーマン率が高い。平日は特に大サラリーマン軍団がいますね。それで田町駅のそばには森永の本社があり、お菓子のアンテナショップもあるけれど、この本社の地下には、森永エンゼル街というシブい飲食店街がある。この中にあるのが「ふくべ」。夜は居酒屋、昼はとんかつ屋という二毛作だ。

さて、店を訪れたのは土曜日の13時。さすがにサラリーマンの姿はほとんどなく、店内には慶應らしき大学生が6名ほどもりもりと定食を食べていた。ここはロースカツ定食７００円、エビヒレカツ定食９００円という感じ。それもいいが、一番安いラインのメンチカツ定食７００円を学生の気分で食べることとしよう。

串カツのおまけつき

かくして窓際の席に座り、やってきたお姉さんに注文。お姉さんはすぐにお茶とゴマすりをもってきてくれた。テーブルの上には、ソース、ドレッシング、袋入りの辛子などがあるね。店内にはBGMで槇原敬之の曲がゆるくかかっていて、なんとなく週末という感じ（どんな感じだ⁉）。そんなことを思っていると、定食登場。二つの大きなメンチカツを二つに切ったものと串カツが三本もおまけでついているよ。

まずは味噌汁を。ワカメとネギのオーソドックスなものだ。続けてゴマをすり、ソースを流し込み、カツを食べる準備をする。では食べよう。メンチは切れ目からキャベツの青さが目に入るが、食べるとやはり軽やか。衣もサクサクでこれはなかなかいいメンチカツじゃないか。

ご飯ももりもりと進むなあ。おまけの串カツも食べよう。一本目はかぼちゃだった。二本目もすぐに食べたいところだが、何が出てくるかわからないので、楽しみにしてふたたびメンチカツを食べるのに戻ったのであった（二本目はナス、三本目はヤングコーンでした）。

※ご飯、キャベツ、味噌汁はお代わりできるが、そもそも最初の量が多かったのとそこまでフルコンディションではなかったのでお代わりはしなかった。無念。

（２０１３年２月）

三田「とん太」で「とんかつ定食＋カキ二個（一個増量）」

三田に「とん太」というステキなとんかつ屋があると聞いた。ちょうど田町と芝公園の間の住宅地の中にあった。平日に訪れると、暖簾が店の中にあったので「しまった！」と思ったが、強風のために暖簾を中に入れているだけで営業はしていた。ほっとしたよ。

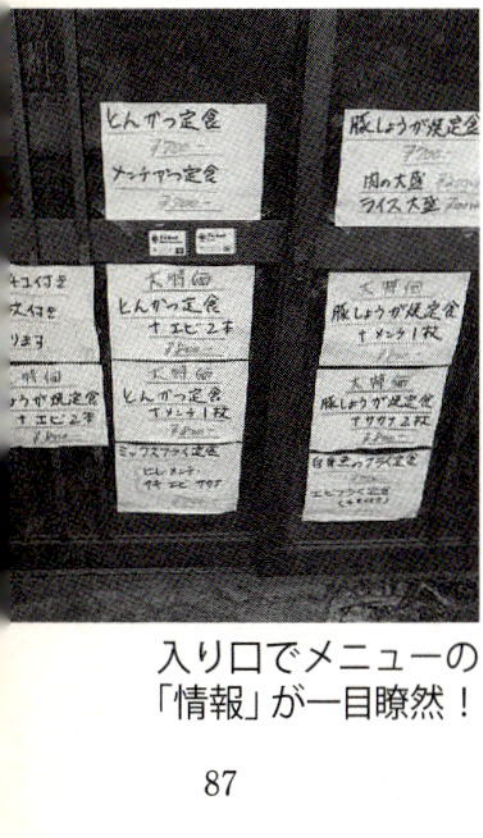

入り口でメニューの「情報」が一目瞭然！

店の中に入ると、おっさんサラリーマンが二人カウン

カキフライが3つもついていた！

ターに座っている。メニューはものすごくいっぱいあって、どうしようかと思ったが、とりあえず店の中の貼り紙の案内を見ると、「大特価カキエビフライ定食750円」や「とんかつ定食＋カキ二個（一個増量）800円」とかがある。とんかつもカキフライも食べたかったので、これにしよう。一人客なのでカウンターに座るべきだろうが、サラリーマンが二人座っていて、窮屈《きゅうくつ》そうなので「こちらに座っていいですか？」と小上がりを指して言うと、「どうぞ」と。全然かまいませんというニュアンスだったので、ちょっとうれしくなりつつ着席。

さて、おじさんたちの動きを見ていると（まあ私もおじさんだが）、どうやらご飯、味噌汁、漬物は自分で取るようだ。店内にもセルフと記してあるな。まあ、とんかつが来てから、ご飯とかは準備するかな、でもお茶だけもらおうと思って、可愛いコップにクーラーからお茶をくんで飲みつつ待つ。店内のテレビでは、ニュースをやっていて、「火星にはかつて生命が住める環境があった」とかやっている。へえ。三田のとんかつ屋で火星の話を聞くのもいいもんだと思っていると、ご主人が「とんかつとカキフライ〜」とお呼びがかかったので、取りにいく。

さあ準備するぞと、セルフコーナーで保温ジャーを開けてご飯をよそい、味噌汁コーナーで味噌汁をもらい、キュウリの漬物をご飯の上に載っける。よしOK。では席に戻って、食べよう。

まず味噌汁から。ワカメと豆腐。煮えくり返った味かと思ったが、実は結構おいしくてびっくり。続けてとんかつにソースをかけて食べる。分厚い肉ではないが、噛みしめると味わい深く、脂身もそんなにない。これはいいカツだと思いつつ、カキフライに移行。マヨネーズも借りられるようだが、ソースで行こう。衣はザクリ、カキの身はトロリで、海のミルク満載というナイスなおいしさ。これが三つもついているとはとてもお得な定食。ご飯を控えめによそったので、もう一杯食べようと思って席を立ったのであった。

（2013年3月）

早慶のライバル!?　学生街の名店は他にも

明大前「とんかつ車」で「チキンカツ定食」

早慶対決をお届けしたが、ぜひ触れておきたい学生街ととんかつ屋さんはまだまだある。明治大学は駿河台だけではなく、京王線の明大前駅界隈でも独自の食文化を創りだすのに貢献している。定食屋も名店がいくつかあるほか、お好み焼き屋など、この街にくると食べたくなる店が多い。その中でも甲州街道沿いにある「とんかつ車」は前からとても気になっていたので、今回訪れてみることとしよう。

平日の13時30分に店の前にくる。小さいビルの二階だ。表にメニューが掲げてあって、それを見るととんかつもいいけど、学生街だと値段の点からやはりチキンだよな

2階がとんかつ屋というシチュエーションもいい

りんごがうれしい

と思い、チキンカツ定食（７５０円）にしよう。

　階段を上って店内に入ると、中はカウンターだけの小さなお店。他に客はいないので、奥の席に座らせてもらい、注文。お茶とおしぼりがやってきた。店はおやじさんとおかみさんで運営しているようだ。昼のバラエティ番組を見つつしばつつ待つ。カウンターの向こうでは、準備が着々と進行している。どうやらカツが揚がったようで、おかみさんが小鉢を用意している。かくしておやじさんが「はい、チキンカツ定食」と渡してくれる。これは立派なチキンカツ定食。うまそうだ。ソースが二種類と醤油が机の上にある。まずはひしゃくのついているほうのソースをカツの左側にかけ（こちらが濃いめ、もう片方が薄め）、レモンを絞って準備完了。

では味噌汁のフタを取っていただく。豆腐、ワカメ、ネギのオーソドックスな具だが、つくりたてのおいしさだ。いいよ、これ。続けてカツ。サクリと揚がっていて、チキンはとても柔らかい。これはおかず力あるなあ。また小鉢の人参、じゃがいも、こんにゃくの煮ものや、りんごもとてもうれしい。とんかつ屋の定食は基本的に栄養のバランスがいいけれど、小鉢もつくとさらに栄養はバッチリで、学生街のやさしさでもあるのかなと思ったのだった。

ああ、ご飯がちょっとだけ足りないかもしれない。あとちょっと食べたい。おやじさんに「ご飯、お代わりできますか?」と確認すると「はい」ということだったので、「少なめでください」と、お代わりをお願いしたのであった（かくして満腹になったわけだ）。

（2013年1月）

江古田「とんかつ藤」で串カツ定食

西武池袋線で、江古田にやってきた。この駅には武蔵大学、日本大学芸術学部など複数の大学があるため、まさに直球の学生街なのだが、同時に西武線沿線の住宅街でもある。両方の特徴が混じって、いい塩

ポテトサラダもおいしい

梅の雰囲気となっている。この街にはチェーン店も多いけれど、地元の店も多く、「とんかつ藤」もその一つ。駅からちょっと離れた住宅街の中にある。

店は12時からみたいだったが、ほんの少しだけ早く来すぎてしまった。そのまま入口の前で待っていると私に気付いたご主人が「どうぞお入りください」と店の中に入れてくれる。ありがたいなあ。ここは、ロースカツ定食１２００円というように比較的安い。他にも紋甲《もんご》いか定食８００円もとても気になるけれど、ここはカツ系の中でもリーズナブルな串カツ定食でいってみよう。８００円。エライ値段です。

カウンターのすみっこに座り、注文。カウンターの中では、大量の弁当の注文があったようで、ちょっと忙しそうだった。店内は私の座っているカウンターとテーブル席もあって、イイ感じ。この店、近所にあったらよくくることになるだろうなと予想されうる居心地の良さだ。注文後、ご主人が私の串カツを作成しているのがよく見えるなあ。そんな光景を出てきたお茶を飲みつつ眺める。お手拭きと箸袋にも店名が入っているなと思っていると、カウンターごしに「串カツの方～」と渡され、続けて、ご飯と豚汁、漬物が出てきて「お代わりもどうぞ」と声をかけてくれる。

これはとてもおいしそうな串カツだ。キャベツには紫蘇《しそ》も載り、ポテトサラダも添えられているので気に入った。ではまず豚汁から。ネギ、大根、人参、ゴボウ、豚肉がたっぷりと入っていて、とてもおいしい、寒かったので結構温まるなあ。では串カツに行ってみよう。大きな串カツが二本。まずはレモンを絞り、ソースをだらりとかけて串をもってかぶりつく。軽やかな衣、そしておいしいお肉。串カツは大体いい肉の端肉を使っていることが多く、大体値段以上の満足が得られるのだ。さらにネギがシャリシャリするのも私は大好きで、それもあって串カツが好きだというのもある。いやあ、串カツのおかげでご飯が進むなあ。

途中、ポテトサラダも食べる。これは甘い！　砂糖の甘さではなく、イモの甘さだ。カツと一緒に食べるとカツの塩気で絶妙のバランスとなっている。さらにトマトもついていて、栄養のバランスがとれるなあ。

そして白菜のお新香も食べる。柚子《ゆず》もきいていて、ていねいなつくりでおいしい。かくしてあっという間に定食の半分を食べてしまった。この分だとご飯も早々になくなりそうなので、半分のお代わりをもらったのだった。

（追記）店を後にしたとき、日替わりのランチが750円であることが判明。ちょっと残念だけど、串カツ定食がおいしかったからまあいいや。

（2013年2月）

江古田「好々亭」でH大エビフライ

江古田にはいくつか洋食屋があるが、「好々亭」は来たことがなかった。良い店だとは聞いていたので、一度入ってみたかったんだよね。かくして、とある夕方、店の前を通ると営業していたので、入ることとしよう。店の外には多くのメニューが貼ってある。本書はとんかつがテーマなので、とんかつを食べるべきだが、大エビフ

おひつだよ！

ライがあり、いたくそそられたので、今回はこれにしよう。なんとカニクリームコロッケもついて700円。いいね！　入店すると、弁当の準備をしているおかみさんが目に入る。配達もしているようだ。この街は自宅でお店のものを食べる人が多いのだな。とんかつ藤もそうだったけど。

さて、壁際のテーブルに座り、大エビフライの記号であるHを注文。それにしてもいろいろなメニューがあって、これは毎日来てもいいなと思っていると、女性客、おっさんと続々と客が入ってくる。そんな姿を見つつ、出てきたお茶を飲んで待つ。BGMはオールディーズで、気持ちよくなっていると、私の定食Hが到着。おお、おひつがついているよ。エビフライはたしかに大きく、二尾ある。それとカニクリームコロッケ、サラダ、スパ、トマトと賑やか。お新香も、沢庵と野沢菜と充実している。

おひつからご飯をよそう。この作業がうれしいね。ではまず味噌汁。ワカメと油揚げ。薄味でダシがよくきいていて、おいしい。すばらしい。続けてエビフライ。これはもう見るからに実力満点のエビフライ。添えられたタルタルソースをつけて食べる。うーむ、プリプリという凡庸な表現しか思いつかないほどプリプリ。身がはじけている感じだよ。うめー！ご飯もほかほかでこれまたイイ。続けてカニクリームコロッケ。中のクリームがトロリ、衣はサクサクの最高パターン。これはケチャップが添えられているが、エビフライとともにソースが欲しくなったので、それをかけて、ご飯をもりもりと食べたのであった。

いやあ、いい店だ。また来よう！

（2013年2月）

女子ととんかつ

この章は本書の中でも最も男っぽい構成となったため、最後に女子ととんかつについて記してみたい。

　そもそも私は、学生のときにとんかつ屋でとんかつ食べたり、洋食店でカツレツ食べているときは、食べる喜びに全身が満ち満ちていて、女子のことはその瞬間は考えなかった（笑）。実際洋食店はともかく、とんかつ屋、それも学生街の店には女子はとても少なかったと思う。

　現在も、たとえば前述した神保町の「とんかつ　いもや」などで女子の姿はあまり見ない。ありえるのは男子が彼女を連れて食べにきている構図か。若い時代の女子は男子ほど、油や肉は必要としないのだろうか。米と小麦はそれなりに必要な模様で、スパゲティを食べたり、オシャレ系の洋食店でドリアを食べたりしていますね、女子は。

　ただし、女子がとんかつを食べないかというと、まったくそんなことはない。昨今牛丼屋に女子が進出してきたように、とんかつの店でも女子は食べ始めている。そんな女子にとんかつの門戸を広げたのがチェーン系とんかつだ。

　次章では、そんなチェーン系とんかつの店と、これまた女子に愛されているとんかつ弁当などを記していくこととしよう。

コラム
column

学食、そして不味いとんかつのうまさ

大学といえば、学食の存在も忘れちゃいけない。

『月刊　高校教育』という全国の高校の先生対象の専門誌がある。実はこの雑誌であしかけ7年ほど『学食バンザイ！』という全国の大学の学食を食べ歩く連載を持っている。もうすでに70回を突破している（この『学食バンザイ！』もそのうち、一冊にまとまる予定）。ということで、まあまあ大学の学食事情には詳しいのだが、昨今の学食のレベルの上昇ぶりはすごい。カツ関係に絞っても、厨房にフライヤーが導入されたり、外部の専門店のとんかつを売っていたりとレベルは相当向上しているのだ。最近食べた中では、津田沼駅そばにある千葉工業大学の工大ランチ・B定食がすごかった（2011年訪問）。ヒレかつのマヨネーズソースでカツの揚がり具合が絶品な上に、ソースもコクがあり、おまけに定食の値段が300円というのも驚いたのだった。また麗澤《れいたく》大学では「さぼてん」のとんかつを売っていたのも印象的だった（2010年）。

いやあ、今の大学生は恵まれていますよ。かつてのような紙のように薄く、なかなか噛み切れないカツや、衣だけやたらと厚くさらに衣が湿気ているカツ、そして見た目は立派

だが、実は脂身だけのカツなどを見かけることはほとんどなくなった。

ただ、こういう不味いカツが本当に不味いかというと難しい問題だ。特に男子には「不味さを確認するためにまた食べにいく」という機能があるので、そんな不味さもおいしさのうちに入る場合もある。また、カツ単体では不味いが、カレーと合体したり、麺類に浮かべたりすることでなぜかおいしくなってしまうこともあるので、不味いカツは油断がならないのだ。単体だとあれほど不味かった衣が、カレーやそばに入ることにより、ステキなコクを出す装置として働くことがあるのだ。

そんなこともあるので、「不味いけど、おいしくなるカツ」という店を出したら、不味いものを確認したいおっさんや、カレーなどに入れておいしくさせる技術を磨きたい好き者たちに人気が出そうだけれどね（笑）。

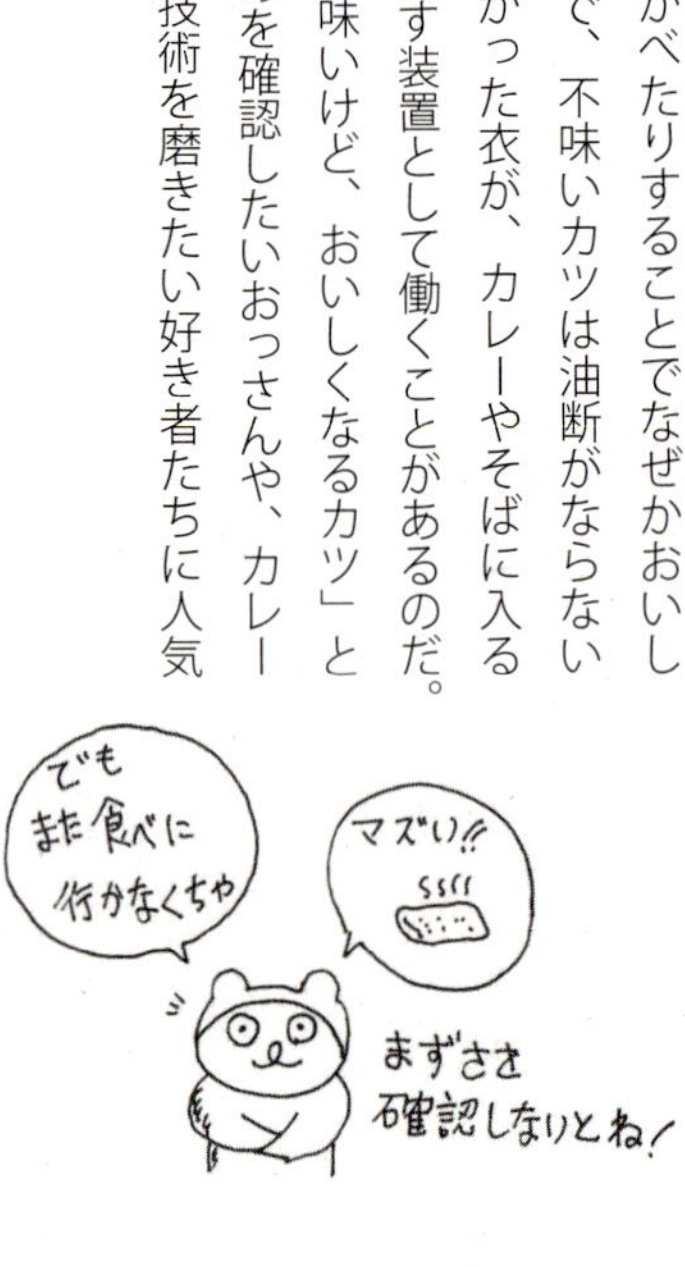

第3章
ありがたい
チェーン系とんかつ

菊名「松乃家」

渋谷「やよい軒」

東京や関西など大都市圏に名店は多い。ただそれら大都市圏をふくめて、あまねく日本中の人々に、「とんかつ」という食べ物を身近にした功績は、実はチェーン店やテイクアウトのとんかつ弁当にある。本章では最もわれわれの日常に近いところにあるチェーン系とんかつ店、チェーン系定食屋のとんかつ、そしてとんかつ弁当などを見ていくこととしよう。

食べ放題の伝道者……「和幸」の偉大さ

個人的な話だが、最初に「とんかつ和幸」に入ったのは大学四年だった。私は横浜国立大学の学生で心理学専攻だったが、たしか筑波大学で学会の手伝いか何か大学関係の用事があって、東京駅までバスで帰ってきたのだ。友人たちも一緒だったので夕食でも食べようということになり、八重洲地下街を放浪した。「じゃあ、とんかつでもどうかな」と誰かが言い出して、みんなで「和幸」に入りとんかつ定食を食べたのだ。１９８９年のことで、ランチではなかったので、値段もたしか１０００円前後だった。当時はバブルにあたる時期で、やたらと飲食店全体の値段が上昇した感があった。特に夜はなんだか腹の足しにもならないオシャレにみえる料理と高い酒を出す店ばかりが繁華街では目立った印象がある。その中にあって、「和幸」はずっと誠実に「定食」を出し続けていた。たしかにそんなに安くはなかったが（特に学生の身にとっては）、キャベツ、ご飯、味噌汁をどんどんお代わりして食べてくださいという店の姿勢が大変うれしかったのをよく覚えている。実際ご飯は三杯、キャベツも二回食べたと記憶している。

当時私が住んでいた横浜では、とんかつにせよ、中華街にせよ、焼肉屋にせよ、ライスは食べ放題や大盛りサービスが多い。「おなかが空いているのなら、ご飯はどんどん食べなさい」という優しい文化が横浜にはある。その文化に慣れ親しんでいて、たまに東京に出かけるとそんなルールはほとんどなく、さみしさにうなだれていたものだ（神保町だけは別格であったが）。そんな中で和幸はとても貴重だったのだ。

さて、とんかつ和幸は1958（昭和33）年、和幸商事株式会社の創業者である日比生《ひびお》一虎が、とんかつ和幸1号店「とんかつ和幸川崎本店」を川崎駅ビル内B1に開店したところから歴史は始まる。

ちなみにこの「とんかつ和幸」の名前の由来が面白い。もともと日比生一虎はかつて執筆活動も手掛けていたそうで、当時用いていたペンネーム「日比生和夫」だった。ここから「和」を、そしてこの頃個人的にも親しくしており、数寄屋橋《すきやばし》ショッピングセンター内の

「ステーションパーラー」の共同経営者であった、協和株式会社の「名和幸夫」の「幸」をとり、名和氏の許諾を得て「和幸」と名づけたそうだ。

また「和幸」はこの和幸商事株式会社によるものとは別に、協和株式会社による「とんかつ和幸」、そして和幸株式会社による「いなば和幸」の三つがあるそうだ。

協和株式会社の「とんかつ和幸」は、1958年に数寄屋橋ショッピングセンター内「ステーションパーラー」を「キッチン喫茶和幸」に店名変更し、続いて60年に和幸商事株式会社との協議の結果、「キッチン喫茶和幸」を「とんかつ和幸」へ業態および店名変更したそうだ。

また和幸株式会社は、76年5月に当時協和株式会社の役員であった稲葉武が協和株式会社から独立、和幸株式会社を設立し、同年9月に小田急百貨店町田店内レストラン街に「とんかつ和幸町田小田急店」を開店、そして95年に髙島屋立川店内レストラン街に「いなばとんかつ和幸」を出店。この後、新規に出店する店舗、および既存店舗については、「いなばとんかつ和幸」と「とんかついな葉」の店名にしていったそうだ。

さて、この中で最もメジャーなのは和幸商事の「とんかつ和幸」だが、前述したように、「ご飯・キャベツ・味噌汁」がお代わり自由だ（他の「和幸」もそうだが）。同社のHPによると、とんかつ和幸がはじめて全国展開したもので、「和幸のとんかつで、おなかいっぱい食べてもらいたい」、そんな願いから始めたサービスとのことだ。

食べ物のことを記していくと、「誰が始めたのか」という元祖にどうしても注目してしまいがちなのだが、実は「誰が広めたのか」はもっと重要なのだ。ことさら日常的な食べ物はそうである。全国24都道府県と海外（中国）でも店舗を展開し、この「食べ放題」を広めた「和幸」の功績はとても大きいのだ。

「とんかつ和幸」で紅葉（かき盛り合わせ）定食

町田駅前にある東急ツインズというデパートがある。地下に大きな駐車場があるため、駅の近くに住んでいない人々も自動車でやってくるというのがこの東急や近くの小田急デパートの特徴（こちらも駐車場がある）。

さてこの東急の東館の8階がレストラン街。今回夕食を食べようということでやってきた。子どもたちがとんかつを食べたいというので「とんかつ和幸」に入ることとなった。和幸は結構季節ごとのメニューがあるが、表で見ると、紅葉という季節限定メニューがある。これ

いろいろと食べられるステキなセット

が4種のきのこのクリームコロッケポルチーニ風味、一口ひれかつ、エビフライ、かきフライのセットで1180円の定食。いいな。私はこれにしようと入店。

　夕食時だったが、わりとすんなり奥の席に座れた。かくして、お茶が出てきて注文。妻は一口ひれかつ御飯、子どもの一人はいつものようにお子様とんかつ御飯、上の子どもはロースカツ御飯を食べるそうだ。注文していつものようにお子様セットのおもちゃの箱がやってきて、それを選び終わったころに注文品がやってくる。私の紅葉も到着。

まずはいつものように味噌汁から。しじみの味噌汁でおいしい。続けてフライに。今回このメニューで私が最も食べたかったのはかきフライ。ゆえにそれは後で食べるとしよう。そしてエビフライは下の子どもが食べるのでそちらに行く。ということでまずはクリームコロッケポルチーニ風味にソースをかけて食べる。ここはカツもおいしいけど、こういうクリーム系コロッケも中身がトロリとしていてなかなかおいしい。

続けて一口ひれかつ。衣がサクリ、肉の厚さも薄すぎずうまい。カツは二つに切られていて、コロッケとカツ一切れ目で、ご飯一杯目終了。お代わりをもらう。キャベツは今日はいいかな。今日はキャベツはドレッシングじゃなくてソースで食べよう。

さて、ご飯が来るまでお新香を少し食べる。白菜と青菜。かくして二杯目がやってきて、途中までを残りのカツで食べ、最後にかきフライ。タルタルソースをつけて頬張ると、豊かな潮の味が口の中に満ちてくる。いやあ、いいねえ。できればもう一つくらいかきフライがついているともっといいなと思いつつもう一口大事にかじった（そんなに好きならかきフライ御飯を食べればいいのだが、いろいろついている季節の盛り合わせの魅力にはなかなか抗しがたいのだった）。

（2012年11月）

協和株式会社の「和幸」に行く

三つある和幸のうち、協和株式会社の「和幸」にはまだ入ったことがなかった。調べると錦糸町の楽天地の中にあるらしいので行ってみることとした。ＪＲ総武線で代々木からやってきた。今やスカイツリーのよく見える駅となったわけだが、もともとこの駅はおっさんは場外馬券場で馬券を買い、また家族で映画を観にくる、歓楽の街だと地元の人から聞いた。また温浴施設もあり、すべては東京楽天地という会社が経営している。この東京楽天地はなんと阪急の小林一三《こばやしいちぞう》によって１９３７年に「東京下町の大衆に健全な娯楽を提供する」という方針のもとに創業したそうだ。今も阪急阪神ホールディングスの会社だそうで、まさか楽天地が小林一三とは知らなかった。勉強になるなあ。

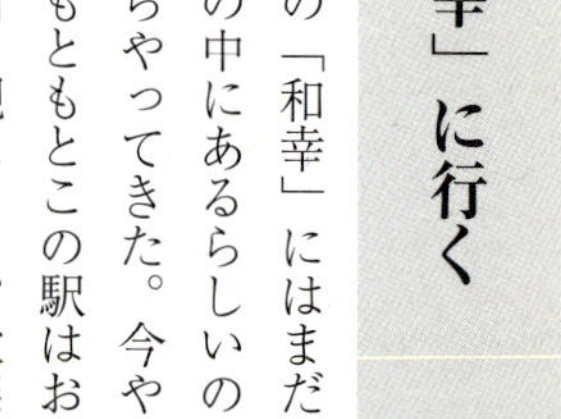

さて、和幸は映画館の入っている楽天地ビルの二階にある。平日の14時くらいにきたのでランチをやっていたよ（11時~17時）。表でメニューを見つつ何にしようかと思った。ここはカツを食べねばならないはずだが、ランチのサービスの「メンチカツ、えび、イカラン

なんとあさり汁だった！

チ」が850円と魅力的だったのでこれにしよう。さて入口のところに緑色のワカバの上にトリがいるマークがあり、これが協和株式会社直営の印だそうだ。へえ。

かくして、店内に入り、座るのはどこでもいいと言われたので窓際のテーブルに座り注文。すかさず、お茶とおしぼり、お箸が出てくるのでお茶を飲みつつしばし待つ。机の上には、柚子風味のドレッシングととんかつソース、辛子、楊枝などがあるな。店内は独りで食事をしているおばさん、休憩時間のOL、熟年夫婦、サラリーマンとものすごく多様な感じで、なんとも錦糸町らしいなと思っていると、定食登場。もってきたお姉さんは「ご飯、キャベツ、味噌汁はお代わりできますよ」とやさしく教えてくれる。ステキです。

ではまず味噌汁から。これがなんとあさり汁。私、味噌汁の中ではあさり汁が断トツで好きなんだ！　もうあさり汁だけでご飯四杯くらい食べられますよ。味わいは潮の香りが豊かで、もうこれだけでこの和幸が大好きになった（しじみ汁もいいんですけどね）。

続けてフライに行ってみよう。まず全体にソースをかける。ソースはドロリ系。黒い粒が入っていて、後でお姉さんに聞いたらゴマとのことだった。そしてキャベツには柚子ドレッシングをかけ、お皿の端に辛子をねって、まずメンチカツから。衣がサクリと軽く、中の肉も柔らかくとても上質なメンチ。うまいね。続けてイカに。これも柔らかい。柔らかすぎて、若干「イカフライすっぽ抜け問題」が生じるがそれも問題にならないくらい、イカも衣もうまいね。イカの抜けた衣にイカの味がしみ込んでいるんだね。……と、イカとメンチを半分ずつ食べ進んだところで、ご飯がなくなる。今日はおなかも空いているし、食べられるだろうと、キャベツも食べ、味噌汁も飲み、三点ともお代わりをもらう。

そして二杯目。最初はエビフライから。これも大きくてプリプリのごちそうエビフライ。最高だな。さらについていたキュウリ、大根、ゴボウなどの入った漬物も味わい深い。

いやはや協和「和幸」畏るべしと思いつつ、二切れ目のメンチカツをかじったのであった。

（２０１３年４月）

町田「いなば和幸」1号店で一口ひれかつ定食

町田には前述のように「東急ツインズ」には「とんかつ和幸」があり、すぐそばの小田急百貨店には「いなば和幸」がある。なんとここが1号店だとは全然知らなかったなあ。世界は発見に満ちている。

ちなみに最近はやや東急のほうの「和幸」に行くことが多かった。これはどちらがいいということでは全くなく、単に東急ツインズの下のフロアにある東急ハンズに行った後の流れとかいろいろあるからですね。

ただ、「和幸」が三つあることを知ったからには、和幸株式会社による「いなば和幸」にどうしても行きたくなったので、ゴールデンウイークに子どもを連れて訪れてみることにした。

訪れたのは14時前だったが、さすがに混んでいる。ただ、ちょうどタイミングよく、テーブルが空いたようで待たずに入ることができた。子どもは「お子様セット」７３０円にするそうだ。和幸もそうだけど、子どもセットがあるので助かるなあ。ただこの子どもセットは

3種類の漬物がうれしい

唐揚げ、ポテトフライ、エビフライ、ご飯、キャベツ、ジュース、おもちゃなので、カツがない。「カツは食べたい」というので、私は一口ひれかつ定食1150円にしよう。
　ちなみに、ここには「ツインかつ定食」というのが3300円であり、ロース、ひれ、えび二本、梅しそひれ、チーズチキン、コロッケ二個、ご飯二膳、キャベツ、しじみ汁、香の物という堂々のラインナップで、二人で豪華に食べるときにはとてもよいセットがあるんだよな。
　ただ、子どもとそれを注文するのは無謀なので、最初のプラン通りに注文して出てきたお茶を飲みつつしばし待つ。するとまず三種の漬物が出てくる。これは柚子大根、梅干、そして大根・キュウリ・ゴボウの漬物だ。これをポリポリ食べつつカツの到着を待つ。特に前菜としては柚子大根がおいしいな。大根・キュウリ・ゴボウの漬物は濃く深い味でおかず力が強そうなので後で多めに食べようとか考えていると、一口ひれかつ、ご飯、味噌汁が登場。

最初に味噌汁のフタを取り、飲むとおいしいしじみの味噌汁。いやあ、とんかつ屋の味噌汁は豚汁派と貝汁系に分かれるよね。続けて、ソースをつけ皿に入れ、辛子を少しもらって、さらにキャベツには柚子ドレッシングをかけて準備完了。まずはカツをソースにつけよう。おお、ソースにはゴマが入っていて、協和「和幸」と似ている。三つの和幸は、三つに共通すること、二つにしか共通しないこと、オリジナリティがあるところと、微妙に違うのが面白い。

さて食べると、カツはサクサクしているけど、なんだか柔らかな仕上がり。ご飯の炊き加減もやや柔らかめで、なんとなく優しさがあるカツだ。私はこれは大好きだなあ、なんだか食欲わいちゃうなあと思いつつ、ご飯を猛然と食べ始めたのであった。

(結局、ご飯三杯、キャベツ一回お代わり、味噌汁三杯という、久々に全開の食べ方をしてしまった。まあ休日だからね)。

（2013年5月）

ゴマすりを広めた「新宿さぼてん」のルーツは慶應義塾にあった！

首都圏でチェーン系のとんかつ店としては、「新宿さぼてん」も大きな存在だろう。特に持ち帰り惣菜と弁当のデリカ店も非常に多い。調べるとなんとデリカテッセンは全国に330店舗以上、レストランも全国で70店舗以上あり（2013年4月現在）、これは影響力が大きいですね。

さぼてんは和幸と同様に、味噌汁、ご飯、キャベツもお代わり自由だが、それに加えてさぼてん特有のサービスがすりゴマ。ゴマをすって、そこにソースを流し込み、とんかつをつけて食すスタイルで、これを全国に広めたのは間違いなくさぼてんである。ゴマをすることによって、おいしく食べるために作業している気持ちになり、食べたときに感動が増すというのがある。

さて、このさぼてんは株式会社グリーンハウスフーズという会社が運営しているが、その源はなんと慶應義塾大学の学食であった。創業者の田沼文蔵《たぬまぶんぞう》が同大学の嘱託となり、大学予科食堂を経営していたそうだ。場所は川崎市登戸《のぼりと》。戦争時の空襲で慶應の日吉校舎の八割が焼失し、さらに残った建物もアメリカ軍によって接収されたため、慶應は、陸軍登戸研究所だった敷地にキャンパスを移転し、「登戸仮校舎」としたそうだ。ここで田沼は食堂を経営していたのだ。ただ、その後の１９４９年秋に日吉校舎の接収が解除されたため、50年には日吉校舎に慶應は復帰した。その後に明治大学がやってきて、現在の生田キャンパスとなった。

さて、田沼文蔵は復帰後の日吉キャンパスで、大学と高校の食堂を開設した。後に田沼は会社名を「グリーンハウス」としたが、これは慶應の塾生から公募して決定したものだそうだ。食堂の外観がグリーンと白に彩られていて、若さと明るさ、そして希望が込められた名前だということもあって決定したそうだ。なんと応募案が採用された塾生には、食券一年分が贈呈されたという。

ちなみに、グリーンハウスは、現在も日吉キャンパスの第６校舎の「グリーンズテラス」や高等学校の食堂などを運営している。

その後、田沼は工場給食にも乗り出し、松下通信工業の社員食堂も経営するようになった。さらに弁当の仕出しから加工まで行う工場を横浜市綱島に１９６２年に設置する。その後さらにレストラン事業にも乗り出すこととし、66年に新宿に「さぼてん」１号店を出したのであった。この「さぼてん」の名前の由来は、サボテンはいばらの道にも花が咲く生命力の強い植物であることから、創業者の理念に基づき「さぼてん」と名付けたそうだ。グリーンハウスにしても、さぼてんにしても同社は独自のセンスが光っている。

その後同店は発展し、今や日本だけでなく、世界中に５００店舗以上、韓国・台湾・シンガポール・タイ・香港、そしてカナダ・リッチモンドのアバディーンセンターにも出店している。

それにしても、慶應については前章でも触れたけれど、とことん「カツ」と関係の深い大学だなと、深く感じ入る。さらに、川崎から始まった和幸にしろ、登戸や日吉から発展したさぼてんにしろ、二大とんかつチェーンが神奈川から出発しているのも、ちょっと興味深いところではある。第４章で触れるとんかつの発生・発展が上野、浅草だったのと対照的だ。

さぼてん系の「恵比寿　かつ彩」で三元麦豚ロースカツご膳を食べる

新宿さぼてん系の店はいくつかあるが、とりあえず私が昼間にいる恵比寿の駅ビル・アトレの六階にあるのが「恵比寿　かつ彩」。コン

やはりさぼてん系は「ゴマすり」ですね

セプトは野菜の力ということで、野菜が多用されたメニューとかがあるそうだ。ただ基本はさぼてんなので、昼に入ってみることとした。表で見るとランチはいろいろあるけれど、最も安いのは三元麦豚ロースカツご膳で1050円。これにしようと入店。

11時50分くらいなので、まだそんなに混んではいない。一人なのでカウンターのはしっこに座り、注文。ご飯は白米だけでなく麦ご飯を選べたのでそちらにする。ふだんは白米を食べるけれど、麦ご飯はわりと好きなので一杯目はそれにしよう。ちなみに、ここもご飯、キャベツ、味噌汁はお代わりができる。

注文した後、アトレカードを見せればソフトドリンクが一杯サービスとなることがわかったので、アイスコーヒーをもらうことにする。なんだか得したな。

さて、最初にキャベツとその取り皿、ゴマ、お新香（大根の浅漬け）が出てくる。お姉さんがキャベツがお代わりできることと、ドレッシングが柚子とチーズ風味のレモンドレッシングの二種類ありますと教えてくれ、さらにゴマの使い方がわかるかと聞いてきたので、「ゴマをすって、とんかつのソースを入れるんでしょう?」というと、うなずいて去っていった。ここでさっそくキャベツを食べ進めたいところだが、まあ全体の写真を撮らないといけないので、しばし我慢する。机の上には岩塩もある。またキャベツの取りわけ用の箸が別についているなと思っていると、ご飯ととんかつ登場。とんかつは小ぶりだが、金網の上に載っているね。

ではまず味噌汁から。しじみの味噌汁で赤だし。これはなかなかおいしい。続けてゴマをすり、ソースを入れてタレをつくる。この作業が結構楽しいのだ。ではこれにカツをつけて食べよう。カツの衣は薄めで肉の味は濃い。ただやはり1000円ランチで小さめなので、ちゃんと運営計画をもって食べ進めねばならない。麦ご飯のプチプチした感じがとてもいいね。たまに食べると麦ご飯はおいしいな。さらに大根の浅漬けもいい。とんかつもそうだけど、たしかにこのかつ彩は野菜がおいしいなと思いつつ、キャベツをチーズ風味のレモンドレッシングで食べたのであった（結局、さらに白米でお代わりし、キャベツももう一回もらいました）。

（2013年4月）

価格と味の革命者「かつや」は、新潟発

できたての「カツ丼」を500円程度（税抜490円）、「ロースカツ定食」を700円程度（税抜690円）で提供し、「作りたてのとんかつ」のおいしさを広めたのが「かつや」。首都圏で移動するサラリーマンにとっては、駅の近くや繁華街にあり、揚げたてのおいしいとんかつをわりと素早く食べられる店として重宝されている。

この「かつや」を運営しているのはアークランドサービス株式会社。同社は、新潟県三条市に本社のあるアークランドサカモト株式会社が、外食マーケット市場の成長を見越して、1986年、外食事業部を設けたところに端を発する。ちなみにアークランドサカモトは新潟県を中心にホームセンター「ムサシ」を展開する会社だ。その後93年にアークランドサカモト株式会社の外食事業部門の営業を譲り受け、100％出資の子会社として新潟県三条市

にアークランドサービスを設立した。その後98年に神奈川県相模原市にとんかつ専門店の「かつや」1号店として「かつや相模大野店」を開店、翌99年にはフランチャイズ事業を展開。そして2002年には東京都江戸川区に「かつや」直営・FC合わせて100号店めとなる「かつや瑞江《みずえ》店」を開店、後に本社も東京に移し、12年には直営・FC合わせて200号店めとなる「かつや横浜上白根《かみしらね》店」を開店している。また香港でも同年「かつや」を展開している。まさに順調に成長しているチェーンだ。

同店は北米大手のパッカーから豚肉を仕入れ、生パン粉を使用している。さらに注文を受けてから調理に入る「ツーオーダー」(cook to order)を実施している。さらにオートフライヤーの投入など徹底したキッチンオペレーションのシステム化により、技術的なムラが店舗によって出ないようにしている。さらに従業員のスピーディな動きもあり、注文されてから五分で提供することも実現しているのだった。前述したように、「素早く揚げたてのおいしいカツが食べられる背景には、このような企業努力があるのだ。

それにしても、カツ文化(甘辛醤油タレのタレカツ丼)が栄えている新潟発祥というのも面白いが、1号店がまたしても神奈川というのも興味深い。

「かつや」でエビフライ丼

「かつや」の中でもとても気になっていたのがエビフライ丼。これは豪華五本もエビフライが入って、514円。一度食べてみたかったので渋谷宮益坂《みやますざか》店に入る。祝日の15時くらいだったが、わりと空いていた。一階はカウンター、二階はテーブル席で、一人なので一階に座り注文。出てきた熱いお茶を飲みつつしばし待つ。ここは定食ものも700円前後で高くはないけれど、丼ものは特に安いですね。

テーブルの上には、ソースと、大根の漬物が入った壺《つぼ》がある。この漬物は食べ放題なのでえらいね。また、割引券なども結構よくくれるんだよなと思っているとエビフライ丼登場。これはとても立派。美しく丼の上にエビフライがキャベツとともに五尾いるよ。エビフライにはソースがかかり、タルタルソースも添えられていて、すぐに食べられるようになっている。

まず右のエビフライから、タルタルをつけて食べる。カリッと揚がって、よいエビフライ。エビの身が太くてプリプリというわけにはいかないが、値段から考えると充分です。それに

エビフライ5本！

五本もあるという豪華さがいい。一般的にエビフライ定食などを食べると、そもそもエビフライの本数が少なくて、おかずが不足して困るので、汁や漬物の助けを借りざるを得ないことが多い。そんなわけでエビフライ関係をおかずに食べるときは、綿密な運営計画が必要になるのだ。

ただ、このエビフライ丼はフライがインフレ状態で、なおかつご飯の量もそんなに多くはないので、無計画に食べ進められるシアワセがここにありますね。ちょっと辛めのソースもおいしいので、バクバクバクバク食べ進めたのであった。

（2013年2月）

チェーン系はよりどりみどり

ここまで和幸、さぼてん、かつやを紹介してきた。その他にもまだまだ魅力的なチェーンはたくさんあるので、食べ歩きの記録をいくつか紹介することにしよう。

「とんかつ坂井精肉店」でロースカツ定食

2000年に設立されたユナイテッド&コレクティブ株式会社が展開しているのが「とんかつ坂井精肉店」。経堂、江古田、高田馬場など、大学生が多い街で出店が目立つが、千葉や埼玉でも出店しているようだ。私が最初に入ったのは、2011年開業の高田馬場店だった

なんと530円なのに、ご飯とキャベツが食べ放題！

が、ロースカツ定食４９０円とリーズナブルでなかなかおいしいとんかつで感心した。

　そして1年と少しして、西武池袋線江古田駅界隈で用事があり、駅前を歩いていると、坂井精肉店が目に入った。ちょうどお昼だったので食べていくこととしよう。

　久々に来たらどうもバージョンが変わっているな。まず、ご飯とキャベツが食べ放題となっている。さらに節《ぶし》系にんにく醤油ダレをカツにかけて食べるようになっている。とりあえず入店し、テーブル席に座る。メニューを見るといろいろあるが、ベーシックな肉厚ロースカツ定食が６９０円、さらに90グラムの５３０円のもある。これでいいや。机の上には、ソース、醤油、ドレッシング、にんにく醤油ダレ、節増し醬油ダレ、節（粉のカツオ節）などが置かれている。とりあえず、このにんにく醬油ダレが面白そうなので、これと節をかけてみようかと思っていると、定食登場。結構立派なとんかつ定食。これも金網の上に載っている。

まず味噌汁から。ワカメとネギのシンプルな具でまずまず。続けて先ほどのタレと粉を一切れ目にかけてカツを食べてみる。カツは肉厚で、衣もサクサクでなかなかおいしい。醬油ダレはさっぱりしているけど、にんにくの香りが結構スゴイな。好みだが、私は普通のソースのほうが好きかもしれない。ということで、二切れ目からは普通のソースに戻して食べ、さらに半ライスのお代わりをしたのだった。

（2012年12月）

牛めし屋でカツ「松乃家」で特製チキンカツ定食

東急東横線とJR横浜線の乗換駅である菊名の駅前に、いつからか松屋のとんかつ屋がオープンしていた。近くに松屋自体もあるのだが。とんかつ屋の名前は「松乃家」。他にも「チキン亭」「松八」という名前でも展開しているようだ。

タルタルソースがうれしい。ササミと合う

さて、ちょうどフェアをやっていて、特製チキンカツ定食が540円→500円とのこと。こりゃ食べていかなくちゃと思って入店。もっとも、フェアでなくても、ロースカツ定食は490円なのだが。やはりフェアにつられてしまうなあ。最初に松屋と同様に入口でチケットを買い、カウンターに座りしばし待つ。12時40分くらいだったので、店内は結構混んでますね。ライス大盛りも無料なのでそうしてもらおう。水を飲みつつしばし待つ。

かくして定食登場。これは立派な定食。カツは二枚だ。まず味噌汁から。ワカメの味噌汁でちょっと薄め。松屋とは味が違うな。続けてカツにソースをかけ、レモンを絞って食べる。おお、サクサクの揚げ具合で、ササミが優しい味でいい。おまけにタルタルソースもついているのでバラエティ豊かに食べることができる。そしてキャベツには人参ドレッシングをかけて食べる。これも味がしっかりしていてすばらしい。それにしても大盛りにすると食べ応えがあったので頑張って食べたのであった。

（2012年7月）

定食屋チェーンでカツ
「大戸屋」で梅おろしチキンカツ定食

1958年に池袋で開業した「大戸屋」は今や、日本だけではなくアジア諸国にも展開する大定食屋チェーンとなった。当然、同店にもカツ系メニューはあるわけなので、ある寒い日の昼下がりに東急東横線中目黒駅そばの大戸屋を訪れる。一階に出ているメニューを見ると、かつてより値段がやや上がっているのがわかる。そうか、ちょっとご無沙汰だったからなと思いつつ、階段を上り二階にある店に入る。

カウンターに座り、再度何にしようかと考える。チキンカツ系ととんかつ系があるが、安上がりにチキンカツにしよう。梅おろしチキンカツ定食690円。ただのチキンカツではな

すがすがしいおいしさ！

くやや手が込んでいるのであった。お姉さんがきたので注文。ご飯の大盛りはただなのでそうしてもらう。出てきた冷たいお茶を飲みつつしばし待つ。ここはゴマ塩が常備されているので、おかずがなくなってもそれで食べられるからいいよね。

かくして定食登場。キャベツが別盛りになっている。なんだか立派な定食。どうやらカツをポン酢につけて食べて、ということらしい。まずは味噌汁のフタを取っていただく。ワカメの味噌汁で無難な味。続けてチキンカツに。まず、梅と大根おろしをポン酢に入れてタレをつくって食べる。サクサクしたチキンカツをさわやかに大根おろしが受け止めて、すがすがしくおいしい。それにしても大盛りのご飯とおかずのバランスが若干気にはなったが、漬物のハリハリ漬もあるし、例のゴマ塩もあるから大丈夫だろう。

それにしても、たまに食べるゴマ塩ご飯って、なんでとてもおいしいんだろうね？

（2013年2月）

「やよい軒」でチキン南蛮定食

弁当の「Hotto Motto（ほっともっと）」などを展開する株式会社プレナスが展開するのが「やよい軒」。創業者の祖父が1886年に東京・茅場町に開店した洋食店の名前にちなんでいる。以前は「めしや丼」だった（2006年に変更）。その頃からご飯食べ放題のありがたい定食チェーンだったが、今でもその食べ放題は変わらず、多くの腹ペコ男子たちが押し寄せているのだった。中でも人気はチキン南蛮定食。「肉を揚げている」という意味ではカツの仲間になるのでここで紹介しよう。

ということで、渋谷駅そば（渋谷駅東口店）の「やよい軒」に入り、チキン南蛮を食べよう。690円。まず入口でチケットを買い、カウンターに座ってお姉さんにチケットを渡し

チキン南蛮はおかず力無限大だ！

て待つ。その間に食べ放題の漬物をつまみつつ待つのもオツです。そんなことを思っているとわりと素早く、定食登場。「ご飯のお代わりは自由ですので、お代わり処をご利用ください」といつものお姉さんのフレーズ。

ではまず味噌汁から。ワカメ、油揚げ、ネギのオーソドックスなタイプ。続けてチキン南蛮に。チキンの甘酢あんとたっぷり玉子の入ったタルタルソースがこってりと載ったよく揚がった鶏肉。「甘酢」「タルタルソース」「揚げた鶏」という最強の三大パートナーがガッチリと手を組んでいるのだから、最強のおかず力だ。もうご飯がどんどん進んでしまう。いつも二杯目は軽く食べようと思いつつ、思いっきり大盛りにしてしまう44歳の夏であった（10年前は三杯食べていたがね）。

（2012年7月）

「やよい軒」で今度はロースとんかつ定食

やよい軒でキャンペーンをやっていて、ロースとんかつ定食が100円引きで690円で食べられる（取材時）。そう言えば、やよい軒でとんかつは食べたことがなかった。いつも前述のチキン南蛮定食を食べてしまうからね。それに790円という値段がビミョウで、個人営業店なら800円くらいいいけど、チェーン系で800円程度はどうよ？　という思いはある。まあ690円、つまり700円程度が結界ですね、私には。今回は690円なので、食べて行こうと入店。

ずいぶんおいしくなったと宣伝しているので、「見せてもらおう！　やよい軒のロースかつとやらを！」とシャアのようなセリフをいいつつ、渋谷駅新南口店に入る。なんとキャンペーンは訪れた日の14時までで、訪れた時間が13時30分というちょっとギリギリセーフの時間だった。ここはいつも混んでいるんだよね。

冷奴がついているのもうれしいね

幸い、入口近くの二人席が空いていたのでそこに座り、チケットを渡してしばし待つ。待っている間にいつものように漬物を食べつつ待つ。隣のお兄さんはチンジャオロース定食をものすごい勢いで食べて出ていった。そんな様子をちょっと驚きつつ見ていると、私のロースとんかつ定食登場。とても立派なカツですね。タレが二つついていて、とんかつソースとかつおだしソースだそうだ。

まず最初は味噌汁から。いつもの油揚げ、ネギ、ワカメ。続けてカツに。ちゃんと油が切れるように金網の上に載っているよ。まずとんかつソースから食べてみよう。カツはカラッと揚がっていて、肉も締まっていて、さらに油も切れていてうまいとんかつ。少し辛めのとんかつソースでご飯も進む。続けてかつおだしソース。こっちはマイルドな味でさっぱりしている。二つのソースのバランスがなかなかよいですね。とんかつの間に漬物を食べ、あっという間に一杯目終了。二杯目を取りにお代わり処にいき、ついでに温かいお茶ももらってきた。

席に戻って二杯目を食べていると、隣に新しい男子二人組がきて、なんと二人で定食三つ注文した。ロースカツ、チンジャオロース、さばの塩焼き。そうか、そういう方法があるのかと感心する。ちなみにこの男子は「味噌汁もちゃんと三人前もってきて」と言っていたから、三杯めの味噌汁はどちらかが飲むのだろう。

さて、私のほうはほぼ終盤。最後に冷奴、そしてサラダを食べる。サラダも量がたっぷりでいいね。上にドレッシングがかかっていたけど、下のほうには達していなかったので、かつおだしソースをかけて食べると実にいい塩梅となったのだった。

（２０１２年10月）

「サイゼリア」で牛挽肉の「チーズカツレツ」

なんと、今をときめくイタリアンファミレスの「サイゼリア」にもカツがあったのだ！

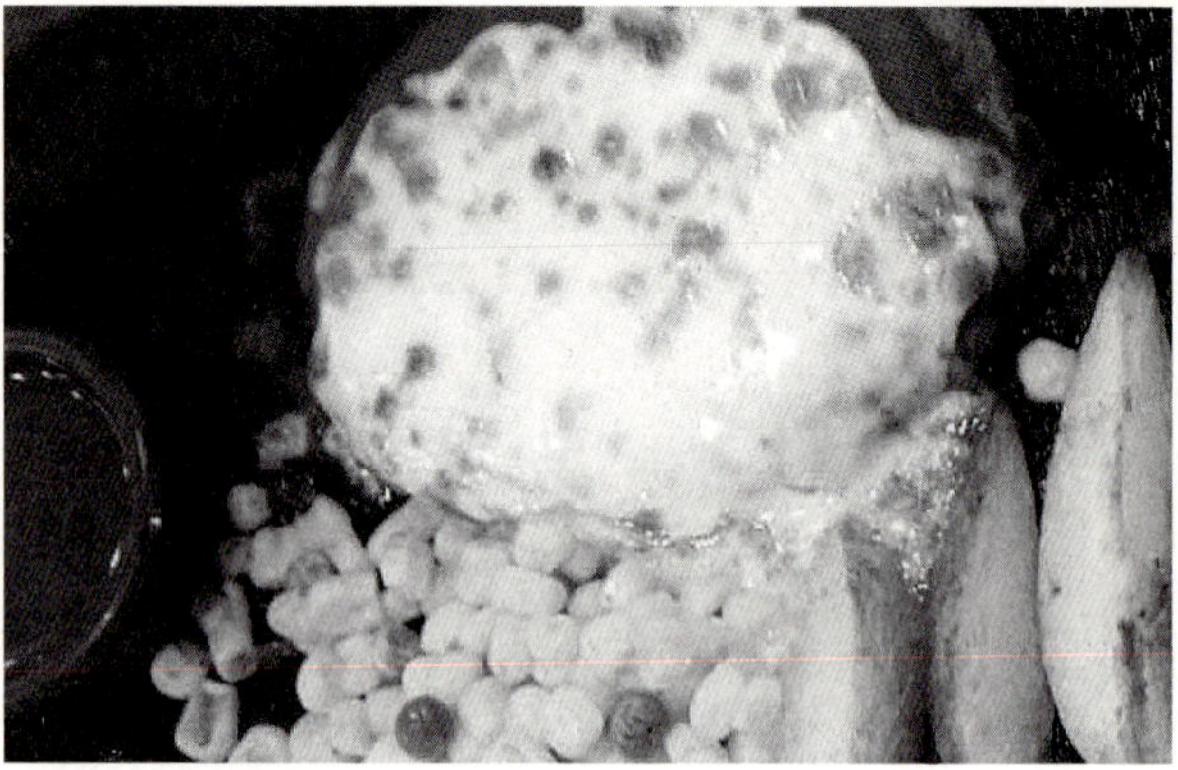
まあ、チーズ載せのメンチカツですね

ある日曜日、家族でJR横浜線古淵《こぶち》駅の駅前の巨大SC（ショッピングセンター。イトーヨーカ堂とイオンの合体バージョン！）のサイゼリアにやってきた。さあ食事しよう、私はいつものミラノ風ドリアとペペロンチーノを食べようかなと思ってメニューをぼんやりと見ていると、なんとチーズカツレツがあったのだ。今日はこれも食べようと注文。499円。

かくして出てきた料理は、鉄板に載って、ミックスベジタブルとフライドポテトが添えられていて、まるでハンバーグのよう。チーズとトマトソースがかかっていて、さらにソースも添えられている。食べてみると、ちょっと薄く衣のついたハンバーグという感じ。まあチーズ載せのメンチカツですね。ノンフライらしいが、たしかにあっさり食べられてこれはこれでおいしいなと思ったのだった。

（２０１３年２月）

「ほっともっと」でロースカツ丼

前述のやよい軒で少し触れた「Hotto Motto（ほっともっと）」が家の近所にできた。コマーシャルで出てくるアイドルのせいもあってか、同店のロースカツ丼を買ってきてほしいと子どもがせがむ。ちょうど妻も出かけていて、夕食の準備をするのも面倒だなと思っていたので、まあいいかと自転車をこいだ。休みの日に弁当を買いに行くのは独身のときはよくやっていたけど、なんだか懐かしい行為だなと思う。

安くておいしいロースカツ丼！

店につくと、オープンしたてなので結構混んでいるな。店内の値段表を見ると、なんとロースカツ丼が390円。これは安いなと、私も食べようと二つ買って帰宅。お茶をいれて準備をしてから、丼の透明のフタを取る。沢庵が少しだけついていてこれはなかなかうれしい。ではさっそく食べよう。結構肉厚のカツを甘いタレで玉子でとじている。タマネギもほどよく入っていて、これはとてもよくできた味。かつ丼って、食べているとなんだか元気が出てくるけれど、この「ほっともっと」のかつ丼もその機能は充分あるなと思いつつ、もりもりと食べたのであった。

（2013年1月）

第4章

とんかつ発展史

上野「井泉」

銀座「煉瓦亭」

本章では、明治以降、西洋料理の本格的な到来によって、独自の発展を遂げたとんかつの歴史を追う。

西洋料理に端を発したポークカツレツは、「とんかつ」と呼ばれるようになり、浅草・上野などで愛される食べ物となった。昭和初期には都会の家庭の惣菜になるほど広く親しまれたが、戦時中・敗戦直後には材料の調達が困難となり、また経済統制などで厳しい状況に直面する。その後日本の復興とともに、ふたたび人々の食卓に戻ってきて、さらに多くの人々に好まれる食べ物となっていったのであった。

煉瓦亭の「ポークカツレツ」

最初は「カツ」の発祥からたどっていくこととしよう。明治以降、近代国家として発展していくと同時に、日本には西洋諸国からさまざまな文化がもたらされた。食文化もその中の一つであった。西洋料理自体がもたらされ、それを提供する料理店が徐々に営業を始めたのだ。

「カツ」に関しては、1872（明治5）年に出版された『西洋料理通』にはカツレツの素となる料理形態として、ホールクコットレッツという名で紹介された。

ちなみにこの『西洋料理通』は横浜にいたイギリス人が使用人に料理を作らせるときのために書いた手控え帳を種本に仮名垣魯文《かながきろぶん》がまとめたものであった。ただ、このホールクコットレッツは揚げものではなく、ポークソテーに近い食べ物だ。フランス語でコートレッツ、英語でカットレットが、いつしか言いやすい「カツレツ」になったという説が有力とされている（小菅桂子『にっぽん洋食物語大全』）。

このコートレッツ・カットレットを日本式のカツレツにまず変化させた店とされているのが、今も続く銀座の「煉瓦亭《れんがてい》」である。もともと煉瓦亭は銀座の今の松屋デパートの南側出口のあたりで１８９５（明治28）年に開業した。その関係で、外国人居留地のあった築地明石町からは近く、散歩がてら外国人が店に入ってくる。

創業者の木田元次郎《きだもとじろう》は外国航路の客船の料理人であった。同店の料理はとてもおいしかったこともあり、西洋人ばかりか日本人にも評判になり、店は繁盛し始める。そのため素早く料理する必要も出てきた。もともとコートレッツは、豚肉をソテーして一枚一枚オーブンに入れて仕上げる料理であったが、それを日本の天ぷら風に揚げてみたらどうかという発想になった。揚げるときはサラダオイルに豚肉のラードを少し混ぜたら味が出て香ばしいということもわかった。

さらに、付け合わせの温野菜も千切りキャベツにかえてみると、手間も省けて、さっぱりしている。ちょうどキャベツの千切りが導入されたのは1904（明治37）年あたりで、店の若い者が日露戦争に召集されていて手が足りなかったということもあったらしい（森まゆみ『明治・大正を食べ歩く』）。

ソースは最初ドミグラスソースを使っていたが、ややくどいので、明治屋から出ていたウスターソースをかけるとさっぱりしていることもわかった。さらに洋食にはパンをつけていたが、客は白いご飯を食べたい、賄い用でいいからほしいと言われて、それを皿に載せて出すことが定着していった。

かくして、ここに千切りキャベツつきのポークカツレツ、ライスつきの形態が登場したのだ。また煉瓦亭には名物の特大カツがあり、それもこの頃誕生している。煉瓦亭は池波正《いけなみしょう》太郎《たろう》『散歩のとき何か食べたくなって』（『むかしの味』）の中でも紹介されているが、彼は少年時代にこの特大カツを友人とともに三枚たいらげたそうだ。

「カツ」の広まり

明治以降の肉食文化は「牛鍋」などからわかるとおり、肉といえば、牛肉であった。そのためカツレツを供する店でもビーフであることが多かった。山本嘉次郎『日本三大洋食考』によると、

「……大正末期の頃までは、わざわざポークと註文しないと、ビーフカツをもって来たものである。それが現在ではカツといえば、とんかつである。昭和に入ってから、だんだんとんかつの需要が増えはじめたのである」

とある。ただ、日清・日露の戦争がおこり、軍需食料として牛肉の缶詰が戦場に送られ、ロシアの捕虜が6万名を数えるようになったくらいから、徐々に牛肉から豚肉にシフトしていったようである。小菅桂子『近代日本食文化年表』によると、1903（明治36）年には家庭の肉料理に豚肉が普及し始め、日露戦争中の05年4月には牛肉の価格が高騰している。さらに、大正に入ると豚肉の普及がより加速する。さらに、キャベツも日露戦争のあたりから一般的な野菜として市場に出回るようになっている。

このような布石があって、ポークのカツレツは専門的な洋食店以外でも広く食べられるようになっていく。明治の末期の頃には洋食の人気から既存の食べ物、つまり和食を扱う店は寂れていった。18（大正7）年には早稲田の三朝庵が親子丼とカツレツを足し算した玉子とじのカツ丼を考案している。もっとも、13年にはやはり早稲田の鶴巻町で開業した「西洋御料理ヨーロッパ軒」でソースカツ丼が考案されている。なお、このヨーロッパ軒を開いた高畑増太郎はベルリンの日本人倶楽部で修業をして帰国し、この店を開業したが、23年の関東大震災で故郷の福井に引っ越し、やはりヨーロッパ軒の暖簾をかけ続け、ソースカツ丼は今も健在であり、福井の名物になっているのであった。

また浅草の屋台洋食の「河金《かわきん》」が客の「飯の上にカツレツ載せてカレーかけてよ」という注文から、皿ではなく丼にご飯をよそい、切ったカツレツを載せてカレーをかけたカツカレー（同店では河金丼）を開発した。18年のことである。

このようにカツレツ自体が「素材」としてさまざまな料理と合体し、新たな料理となっていることからもわかるように、大正以降は広く愛される食べ物となっていった。

「とんかつ」の発祥……上野・浅草での隆盛

　さて、「とんかつ」という言葉の発祥については、特定が難しい。ただ1905（明治38）年に上野のぽん多（ぽん多）が「とんかつ」の生みの親であると小菅桂子『近代日本食文化年表』にはある。創業者は元宮内庁の大膳部で西洋料理の経験のあった島田信二郎。彼が29（昭和4）年に東京上野御徒町《おかちまち》にあった「ポンチ軒」ではじめてとんかつを売り出したと岡田哲『とんかつの誕生』にはあるが（この店もなぜか島田信二郎の店となっている）、14（大正3）年に上野の「蓬萊屋」が店を始めるときに島田に相談に行ったと『dancyu』（1992年4月号）にあるので、明治誕生説のほうが有力だろう。

　ちなみに同店は今も「ぽん多　本家」として上野にあるし、島田信二郎の四代目が店を経営している。このぽん多のとんかつは、ウィンナ・シュニッツェル（ウィーン風仔牛のカツレツ）をヒントに、天ぷらの要領で揚げたポークカツレツを考案したのだそうだ。彼は厚い豚肉をうまく揚げるかに苦心して、とんかつを開発したそうだ（※）。そして彼が考えた末にひらがなで「とんかつ」と書くことにしたと小菅桂子『にっぽん洋食物語大全』にはあるが、同時に上野駅前の楽天という料理屋で31（昭和6）年にとんかつの看板を出したのが最初という説も紹介されているのだった。

ただ、料理というのは、発祥よりも広がりのほうがむしろ大事である。今に続く名店の開業などをみると、昭和初期には間違いなくとんかつは上野や浅草では「広がっていた」。

具体的に記すと、前述した蓬莱屋以外にも「井泉《いせん》」も30（昭和5）年、浅草でも37（昭和12）年に焼きかつで有名な「桃タロー」が開業している。この桃タローは、創業者が大正から昭和にかけて、「上野精養軒」で修業した際に覚えたフランス料理のコートレッツの製法を取り入れたもので、フライパンにサラダ油とラードを入れ、焼き上がりまでにきれいに油がなくなる分量だそうだ。まさにこの焼きカツは、西洋料理からとんかつが発祥し発展していったことを示す「ミッシングリンク」のような存在だと言えるだろう。

※ http://www.bulldog.co.jp/special/hakken/020520/shinise.html より

「とんかつ」の一般化……気軽に、そして家庭でも

さて、昭和になると、とんかつ、カツレツは専門店以外でも幅広く食べられるようになっ

た。その一つがチェーン系食堂であった。代表格は日本初の大衆食堂と呼ばれる「須田町食堂」で、24（大正13）年に簡易洋食の店として神田須田町交差点にオープンした。「ウマイ・ヤスイ・ハヤイ」のキャッチフレーズで、カツレツやカレービーフ、カレーライス、コロッケ、カキフライ、イカフライ、ハヤシライス、合の子皿（コロッケ・イカフライ・サラダの盛り合わせ）といった洋食をどこよりも安く、3銭、5銭、8銭で食べられ、大変な人気となった。たとえばカレーライスは8銭で、露店でのカレーライスが10～20銭だったので安かったのだ。同店は人気となり、すぐにチェーン化し、34（昭和9）年に社名を「聚楽《じゅらく》」とした頃には80店舗くらいになっていた。

また庶民が気軽に食べられる食事場所としてはデパートの食堂も大事な選択肢であったが、そこでもカツレツ、とんかつは食べることができた。たとえば、昭和に入ると、電鉄会社を母体とした百貨店（デパート）が登場していったが、その食堂でもとんかつ（カツレツ）を食べることができた。29（昭和4）年、阪神急行電鉄直営の阪急百貨店が梅田駅に開業したが、その前身として20（大正9）年に五階建ての阪急ビルディングができ、その二階に直営食堂が設けられている。この食堂ではビーフステーキ、カツレツ、オムレツ、コロッケ、ライスカレー（コーヒー付き）などが30銭だったという。……こう記すと、前述の須田町食堂がとても安かったこともわかる。

　さて、カツは店だけで食すものではなくなってきた。それだけではない。とんかつは庶民の一般的な食べ物となっていった。加太こうじ『衣食住百年』によると、昭和6、7年くらいから食物の栄養価を考えて食事をする人が増えたそうだ。これは結核患者が当時は多くて、栄養価の高い食べ物を食べていると結核にかかる率が少ないことが一般に知られるようになったからだ。

　さらに1933～34（昭和8～9）年は、軍需景気もあって、都会では肉類を栄養のために食べる家庭が増えた。30～31（昭和5～6）年の不況の時代には、肉屋の中にはコロッケ、フライ、カツなどを揚げて安売りをして、洋食の惣菜店をかねる店ができた。さらに33～34（昭和8～9）年頃には、大部分の肉屋が惣菜洋食をつくって売るようになった。ネギとコマ切れ肉の混じったフライは五個10銭。コロッケはやや大型で四個10銭。とんかつは一枚5銭から10銭が相場だったそうだ。

　女優・高峰秀子《たかみねひでこ》の自伝である『わたしの渡世日記』には、34（昭和9）年前後に、子どもだった高峰が公設市場に買い物に行くシーンがある。50銭銀貨を一枚握りしめて出かけて、味噌汁の具やおひたしにする野菜を買い、コロッケか精進揚げを買ったそうだ。コロッケは三個で10銭、精進揚げは一〇個で10銭だったそうだ。

さて、コロッケはもともとは上等な食べ物だったが、安くするためにじゃがいも99％ほどの比率となり、地位が著しく下落した。カツも同様で、大衆的になったが、不味くなり、その反動として、おいしいとんかつを食べさせる店が繁盛した。前述の上野や浅草のとんかつ屋が人気となった背景には、安い惣菜洋食の存在があったのだ。つまり、「不味いとんかつを食べていれば、おいしいとんかつはよりおいしくなる」ということで、食べ物の裾野が広がれば、本当においしいものの価値が見えやすくなるということであった。

戦時中の厳しい経営

さて、戦前に都市部を中心に広がったとんかつであったが、37（昭和12）年に日中戦争が始まりしばらくすると、とんかつだけではなく、食生活全般の雲行きが怪しくなってきた。38（昭和13）年には「国家総動員法」が制定され、国家が経済活動に介入する統制経済が始まった。食生活の面でも統制されることとなり、まずは節米が求められた。一日一食は米なしで済ますように奨励されるようになった。そして39（昭和14）年には白米禁止令（七分づき〔種皮や胚芽の七割を取り去ること〕以上の米の販売の禁止）、さらには40（昭和15）年には東京のデパートの食堂などで米の飯を出すことが禁止され、販売時間も制限されてしまう。また同じく東京では翌41（昭和16）年4月から毎月二回、肉屋での肉の販売、食堂での肉料理の販売も禁止となってしまう。さらにこの4月には東京など全国の六大都市で米の配給制度と同時に外食券制度が開始された。外食券がないと家の外で食事もできなくなったのだ。そして同年12月に太平洋戦争に突入する。そして食料品もほかの物資と同様に配給制度となっていった。

　このような厳しい状況下で、とんかつ屋や洋食店も大変な時代となった。前述した浅草の河金も45（昭和20）年3月の東京大空襲で店が焼けるまではなんとか店は続けていた。神奈川県の平塚でなんとか肉が買えたので、毎日10キロずつくらい買ってきて商売を続けた。つくるそばからどんどん売れたそうだ。

　さらに茂出木心護《もでぎしんご》『たいめいけんよもやま噺』にも、「たいめいけん」の創業者が戦時中に苦労した逸話が掲載されている。戦争中は肉の配給はほんのたまにしかないため、それを冷蔵庫の氷の上に載せておき、闇で仕入れた肉を使って警察の目をごまかしたりもした。警察からは「おまえの店の肉はずいぶん長持ちする」なんて皮肉を言われたそうだ。また出征する息子のためにビーフステーキを出してほしいと客に言われたとき、店には馬肉（角判といった※）のヒレしかなかったので、やむなく一生懸命料理して出したところ、とても喜んでくれたので「実は肉は角判でした」と言いにくくなり、ありがとうございますと頭を下げて送り出した。戦後その息子は元気に帰ってきたけれど今でも言えない、でも「うそも方便」とお釈迦様も許してくれるだろうと茂出木は記している。客のために苦労をする洋食店の心意気がよくわかる逸話だ。

※屠場で屠《ほふ》る際に、牛・豚肉は小判型の判、馬肉には三味線の胴形の判を押すので、商売人は角とか角判とか呼んだ。

戦後の苦労、そして復活

かくして、頑張っていた洋食店やとんかつ屋も１９４５年になると、空襲で店舗自体が焼けてしまったり、交通網も厳しい状態となったりしたこともあって、経営自体はほとんど成り立たなくなっていった。そもそも多くの人々は、とんかつはおろか日々の食べ物にも事欠くありさまであった。

かくして同年8月、戦争が終わる。そのとたん、ものすごい勢いで発展したのが闇市であった。東京では敗戦から5日後の8月20日には新宿にマーケットが誕生している。そして東京はもちろん、大都市のターミナル駅そばには大小のさまざまな闇市が立ち、豊富な物品がそこでは売られていた。ただ値段は目玉が飛び出るほど高かったが。政府が物価統制で決めていた最高価格（マル公）に対して、闇値は最高で80倍、普通でも30～40倍したそうだ。

この闇市ではさまざまな物品、そして食べ物も売られていた。米軍の残飯でつくったシチュー、韓国・朝鮮系の人々が持ち込んだホルモン、寿司、焼きそばなど国際色豊かなメニューであった。カツ系では串カツが人気であった。大部分はネギで、わずかばかりの肉のへばりついた串を大げさな衣で覆っていた。それを48年から大流行となったソースにたっぷりつけて食べるのが当時の楽しみであったそうだ。

一方、戦時中に営業が困難となっていた洋食店やとんかつ屋はどうなっていたのか。食料不足が深刻であったため、47（昭和22）年、政府は「飲食営業緊急措置令」で主食を販売できる飲食店を外食券食堂だけとしたのだ。そのため、たとえば前述の「たいめいけん」では48年頃はお惣菜屋をやって、裏では客を入れる「裏口営業」をやっていた。皮が肉のように見えたから、芋をよく洗って皮ごとつぶしてつくった10円のコロッケ、30円のメンチカツ、

表3　1950年前後に開店した主なとんかつ屋

年	店名（場所）
1949	とんかつ大和（静岡市）、とんかつ一番（京都市）
50	とんかつくら島（福島市）、とんかつ京家（宮城県古川市）、とんかつ燕楽（東京都港区）、とんかつの松屋（岐阜市）
51	とんかつ吉兆（大阪市中央区）
52	とんかつ玉藤（札幌市）

40円のカレーソース、50円のカツレツなどを売り、ご飯は売れなかった。カツレツは豚ロースを使うと脂が多いので、客に評判がよくない。だったら、豚もも肉を使おうなどと、乏しい材料の中で工夫をしたとある。

さて、戦後の食糧難の時代も49年になると事態は好転し、料理屋、飲食店の休業が解除され、外食券なしでも白米を食べることができるようになったのだ。さらに50年になると豚の屠畜数が戦前の最高水準まで復活した。この50年前後は全国で今にも続くとんかつ屋の多くが産声を上げている（表3参照）。人々は、おいしいとんかつを強く求めて店はそれに応えたのだ。かくして、とんかつ文化は見事に復活を遂げたのであった。

本章で紹介した老舗や、とんかつ発祥の地である上野、浅草あたりのお店を訪れてみた。とんかつタイムトラベルもまた、楽しいものである。

銀座「煉瓦亭」でポークカツレツ

とんかつの歴史の中ではずせないのが「煉瓦亭」。ここでぜひともポークカツレツを食べなくちゃと思って土曜日の14時に店を訪れた。相変わらずカッコいい外観。店内に入ると、愛想のよい店の人が「何人様で?」と聞いてきたので、「一人」と言うと、地下に案内される。土曜のせいか、家族連れ、カップル、一人のおじさん、おばさんたちと多彩な客層。真ん中のテーブルに着席。赤いチェックのテーブルクロスがステキ。

机の上にあるメニューを見ると特製大カツレツ2200円もある。池波正太郎が三枚たいらげた大カツレツだ。でもまあ、ポークカツレツ1300円とライスでいいやと注文。ちな

さすがは老舗。ハンサムなカツレツ！

みにライスは３００円。水とおしぼりが出てきて、さらにナイフとフォークも出てくる。机の上には、ウスターソース、辛子、楊枝、塩、胡椒などがありますね。水がなくなるとすぐに注いでくれるのもいい。なんだかシアワセな雰囲気に店内は包まれているなあ。期待に胸が高まる。いやあ、上京して27年、ようやく平気でこのような銀座の洋食店に普通に入ることができるようになったよ。

……感慨にふけっていると、ポークカツレツとライス登場。ライスはものすごく美しく盛れているな。カツレツもなんとハンサムなことか！　キャベツとパセリのシンプルな付け合わせもカッコいい。「下味はついていますが、お好みでソースをどうぞ」と店のお兄さんが教えてくれる。このカツレツは洋食なので、とんかつ屋のように切れていないから、ナイフとフォークをうやうやしく持って、右側からナイフを入れる。切ったとたん、切れ目からほわっと湯気が出てくる。これはなんともニクい演出（笑）。本当に揚げたてなのだ。

まずはお兄さんのアドバイスに従って、そのまま食べる。サクサク衣と脂身の少ない肉の頼もしさが実にすばらしい。でも、やはりソースがかけたくなったのでかけよう。シャバシャバのウスターソース。ついでに辛子もつけよう。食べると、さっぱりウスターソースとポークカツのおいしさが合体し、激しいおかず力になる。すかさずご飯を食べると、ご飯のほどよい硬さ、炊き加減の絶妙さなどがズバラジズギル。……いきなり東海林さだお先生みたいになったけど、間違いなくこれは絶品だと思い、ナイフとフォークをガチャガチャと動かし続けたのであった。

（2013年6月）

浅草「リスボン」で並カツライス

やはり、とんかつ文化発展の地の一つである浅草でカツを食べねばな

らないだろう。ならば行こうと思ったのが、ＲＯＸそばの「リスボン」。前からここはとても気になっていたのだ。ここは上カツライス９５０円、特上カツライス１２５０円とあるが、並カツライスが７５０円と実はリーズナブル。さらにスープつきだと＋２５０円で、チャップスイ（野菜スープ）かポタージュを選べる。チャップスイもとても気になったのだが、並カツライスだけでいいや。

　昼に入ろうと思ったが、タイミングを逸してしまったので、17時の再オープンを待って入店。店内にはとりあえず一番乗り。壁際の二人掛けの席に座って注文。出てきた水を飲みつつしばし待つ。店内はとても清潔な感じですねえ。カツ丼８５０円も気になるところではあるなと思っているとカツライス登場。これはもうはてしなく「シンプルイズベスト」という感じ。ライスとキャベツ、そしてカツの三種類の食べ物しかない。

カツ丼も気になる

　机の上には二種類のソースがあっ

たので、とんかつソースのほうをカツとキャベツにかけ、辛子ももらって皿の横につける。ここはお箸だな。カツは切れているので、はしっこから食べる。サクリ。これはなんとも軽やかかつサクサクの揚げ具合。そしてとても香ばしい。並なので肉も薄いけれど、これはこれでとても「カツ」という感じがするよ。おいしい。ご飯の量は少なめだが、炊き具合はとてもよい。これだとやはりチャップスイを追加してもよかったなと思いつつ、二切れ目のカツに辛子を塗ってサクサクと食べ始めたのであった。

（2013年6月）

浅草「じゅらく」でとんかつ定食

浅草演芸場で子どもの発表会があったので家族で浅草までやってきた。発表会が終わって食事をしようということになった。しかし家族の食べたいものがバラバラだ。こういうときはファミリーレストランしかないかなと思ったが、そうだ「じゅらく」があるじゃないか！　須田町食堂を祖とする由緒正しい店だ！　まあファミリー

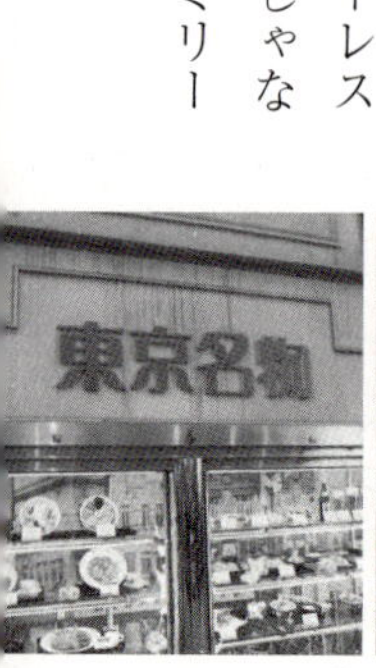

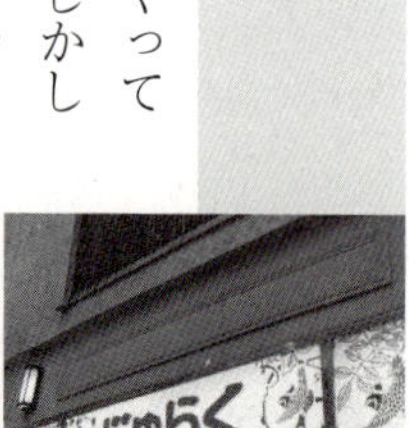

絵に描いたようなオーソドックスなとんかつ定食

レストランの祖のようなものですがね。訪れたのは平日の17時だったがわりと空いている。奥のテーブル席に座り、子どもの一人は天ざる、もう一人はお子さまラーメン、妻は開化丼を食べるそうだ。私は、やはり浅草なのでとんかつ定食を食べよう。９７６円。きっと、戦前の家族も浅草に出てきて、こういう感じでとんかつなどを食べていたに違いないね。

かくして注文して水を飲んでいると、子どもたちの天ざる、お子さまラーメンに続いて、開化丼、そして私のとんかつ定食が登場。こりゃ、絵に描いたようなとんかつ定食。まずは味噌汁か

浅草は歩いているだけでも楽しい

ら。ワカメ、ネギ、豆腐の味噌汁。豆腐がたっぷりと入っていてアットホームな感じがする。

ではとんかつに行こう。特別にソースがついているわけでもなく、卓上のとんかつソースをかけて食べる。辛子はついている。キャベツの量は専門店に比べると少ない。ただ、食べてみると、揚げ具合、肉の質はかなりよく、ご飯の炊き加減もよい。ということは家族で安心して食べられる水準だということだなと思っていると、「もらうね」と子どもたちにカツを一切れずつ持って行かれたのであった。

（2013年3月）

上野「井泉」でロース定食

上野の伝統あるとんかつ屋の中で、最も普通の値段なのが「井泉」。元祖とんかつ屋の一つとして、食べておきたかったので、ゴールデンウイークの最終日に訪れてみた。

上野というが、ＪＲ御徒町駅のほうが近いな。御徒町はお菓子や豆などの補給によくやってくるため、私にとってはとても親しみのある街だ。さて、御徒町駅を南口で出て上野広小路を通り抜けて横丁に折れるとありましたよ。古い日本家屋でおいしそうな「気」が発せられている。

開店とほぼ同時の11時30分過ぎに訪れたが、すでに一階の部分はほぼ満員。幸い、一番奥のカウンター席が空いていたよ。そこに座ると、おしぼり、お茶と急須が出てくる。ここはロース定食１２５０円で行ってみよう。いい値段ですね。カウンターの向こうはそのまま調理場で、カツサンドをつくったり、定食をつくったり、ソテーしたりするのがよく見える。すばらしい臨場感である。出された番茶の茎《くき》が沈むのを待ちつつ飲んでいると、カウンター

すばらしいロース定食！

の向こうで人々の料理が完成していくのがよく見える。注文する人、交通整理をする人、揚げる人、切る人、配る人と役割が分かれているようだ。カツサンドの発祥の店なので、そのお土産作成も目の前のお兄さんたちがやっているね。

そんな光景を見ていると、まずは味噌汁、続けてご飯と漬物、そしてとんかつが登場する。これはなんとも上品なとんかつ！　絵に描いたようなとんかつでもある。さて、とんかつを食べるにあたって、ご飯をお代わりできるかどうかがとても気になったので、カウンターの向こうにいるおやじさんに訊ねるとOKとのこと。安心してまず味噌汁からいただこう。ザク切りのネギがたくさん浮いている。飲むとこれは豚汁。ゴボウ、人参、豚肉もたっぷりと入り、ブタのコクですばらしいおいしさ。これだけでご飯が何杯でも食べられそうだ。続けてカツにソースをかけ、辛子ももらい準備完了。まずカツの右側から。軽やかかつ柔らかいカツ！酸味のあるソースとの相性がすばらしく、ご飯が軽快に進んでいく。さすがは老舗だ。ご飯の大事さをよくよくわかっているようで、ご飯はとてもおいしい。続けてパセリを食べ（これがおいしいのは店が誠実な証）、キャベツももりもり食べる。うまいうまいうまい！そして合間に漬物も。これは人参、青菜、大根を細く切って和えたものでおかず力が高い。

どれをとっても手抜きがないな。と、あっと言う間にご飯がなくなったので、カウンターの向こうのお兄さんに「ご飯をもらえますか？」と聞くと、すぐにおばさんがやってきて、「ふつうでいいですか？」と聞かれたので「はい」というと、すぐに持ってきてくれる。このリズム感がいいね。かくしてご飯の二杯目を食べよう。一杯目でとんかつ二切れを消費した。合計五切れだったのであと三切れを使っていいわけだ。そうだ、キャベツがなくなってきた。カウンターの前にいるお兄さんがちょうど皿にキャベツを盛りつけていたので、「ここにも少しキャベツをもらえませんか？」というと、すぐにお兄さん、「このくらい？」と私の皿にキャベツを盛ってくれたのだった。なんともすばらしいリズム感だ。

（２０１３年５月）

コラム column

芸術家、映画監督、そして作家とカツ

芸術関係の人の中には、とんかつを好む人々が多い。たとえば、棟方志功《むなかたしこう》が新宿の「とんかつすずや」の看板やメニューの表紙を描き、今なお店には彼の版画が展示されているが、彼自身すずやのとんかつ（具体的にはとんかつの茶漬け）が好きだったらしい。ちなみに、棟方は横浜の「勝烈庵《かつれつあん》」も好きだったようで、同店の装飾も手がけている。

ということで、以下では、棟方以外の二人の芸術家とカツの関係を見て行こう。本当はもっといっぱい紹介できるのだが、これだけで本一冊になりそうなので、ここではとりあえず二人だけにしよう。

小津安二郎ととんかつ屋の二階

映画監督や映画関係者には、やたらととんかつ関係の逸話が多い。グルメ本の古典的名著として知られる『日本三大洋食考』には三大洋食の一つとしてとんかつも登場するが（後はライスカレーとコロッケ）、その著者、映画監督の山本嘉次郎などは好例だろう。また、成城の名門とんかつ屋の「椿」は元東宝のカメラマン・渡辺孝氏が始めた店として有

名である。

ただ、映画関係でとんかつ第一人者でとんかつ好きといえば、やはり小津安二郎《おづやすじろう》にほかならない。ちなみに、小津安二郎の食関係の研究に関しては、貴田庄『小津安二郎の食卓』『小津安二郎　東京グルメ案内』にとても詳しい。

さて、小津の映画にもとんかつ屋はよく登場する。個人的にとても印象的だったのが『秋刀魚の味』でのとんかつ屋のシーン。佐田啓二と吉田輝雄がとんかつ屋の二階の座敷でとんかつをおいしそうに食べるシーンだ（貴田氏によると、映画はセット撮影だが、上野の蓬莱屋を模しているとのこと）。今はとんかつ屋は一階のカウンターかもしくはテーブルで食べることが多いけれど、かつてはわりと二階があり（二階は座敷ということも多い）、そこでゆっくり食べるというスタイルもあった。

本書で
あまり
紹介できなかった
けど…
実は
とんかつ映画
もわりとあります

横浜の伊勢佐木にある「かつ半」には大学の頃から通っているけど、かつてはこの「かつ半」にも二階に座敷があり、そこでよく食べたものだ（第6章参照）。『秋刀魚の味』のように、友達としゃべりつつとんかつを食べるということもあり、映画を観たときなんとも懐かしい感じだった。カウンターだと気持ち的にあんまりゆっくりできないけど、二階の座敷だと落ち着いて食べることができるし、友達とじっくり話したいときにもとてもいいものがある。店の営業効率に迷惑をかけちゃうかもしれないけど、個人的には「とんかつ屋の二階の座敷」を復活させてもらいたいものだ。

村上春樹とビーフカツレツ

子どものときから作家のエッセイは大好きだったが、村上春樹《むらかみはるき》のエッセイも愛読していた。中でも安西水丸の挿絵とともにとても楽しいのが『村上朝日堂』『村上朝日堂の逆襲』。このエッセイは自分の行動形態や価値基準に随分と影響を与えたと思う。特に愛読していたのが高校生から大学生になるあたりの時期だったことも大きかった。村上春樹は引っ越しが好きで、『村上朝日堂』でも「『引越し』グラフィティー」というエッセイがなんと六編も続いているのだった。私も上京して横浜で一人暮らしを始めていたから、このエッセイは「一人暮らしをする」という点において、とても実用的なエッセイだった。村上春樹は上京して、目白の学生寮↓都立家政↓三鷹と移り住んだわけだが、おかげでまったく未知の西武新宿線や中央線の様子もよくわかり、強い共感を覚えたものだ。

また、村上春樹のエッセイには食べ物もとてもおいしそうに出てくるが、中でも特に印象的だったのが「ビーフ・カツレツ」の話（「ロンメル将軍と食堂車」）。村上春樹が何かの本を読んでいるとロンメル将軍がビーフ・カツレツを食堂車で食べるシーンがあり、そのシーンの色のとりあわせがきれいで、広がりのある文章で実にいいと誉めているエッセイであった。エッセイでは単に誉めるだけではなく、ビーフ・カツレツがおいしいということに話は移っていく。

村上春樹は関西人なので、ビーフ・カツレツ、つまりビフカツに愛が深く、エッセイは「ビーフ・カツレツについて」に続く。そこでは村上春樹は東京ではビーフ・カツレツがなかなか見つからないのでウィンナ・シュニッツェル（ウィーン風仔牛のカツレツ）を食べるとあり、「サウンド・オブ・ミュージック」などの話に展開していく。村上春樹が「ロンメル将軍とビーフ・カツレツ」で何かの本が強く印象が残ったように、私自身もこのエッセイで『村上朝日堂』が深く心に刻まれた。私の出身の四国は関西文化圏だが、ビーフカツはそれほど一般的なものではなく、「そうか、東京にもビーフカツがあまりないのか」ということと「ヨーロッパにはウィンナ・シュニッツェルというカツがあるのだ！」という発見もあった。

このように心に刻まれると、ビフカツやウィンナ・シュニッツェルをいつか食べようという行動目標につながる。ビーフカツは本書の第6章でかなりおいしいビーフカツを紹介しているのでそちらを参照いただきたい。ただ、ウィンナ・シュニッツェルはまだウィーンに行ったことがないので今後の課題としてまだ目標は達成されていないのであった（他の場所では何回も食べたけどね）。

第5章
とんかつのバリエーション

長崎「ツル茶ん」のトルコライス

菊名「松乃家」のささみカツカレー

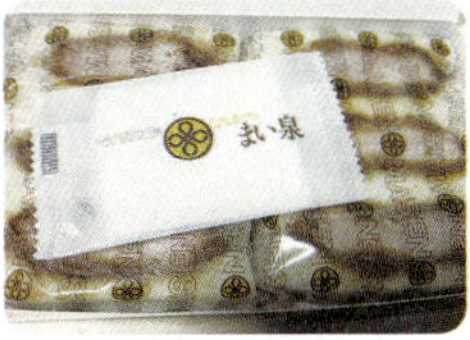

「まい泉」のカツサンド

この章では、カツカレー、かつ丼など、とんかつ料理のバリエーションについて触れていこう。とんかつ定食だけにとどまらない、このバリエーションの広さと深さ。スゴイものがあります。

かつ丼という「状況」

まず最初はかつ丼。とんかつ「定食」とは違う系統の食べ物である。とんかつ屋で食べることもできるけれど、食堂やレストランなど、より多様な場所で食べることができる。そもそも、第4章で触れたように、かつ丼、それも玉子でとじたタイプはとんかつ屋だけではなく、そば屋で誕生しているという出自もあるのだろう。特にそば屋との親和性はとても高い。「そばだけだとちょっと頼りないな。そうだ、かつ丼とセットにしよう」というような感じか。基本は食欲があって、おなかも空いているけれど、天丼よりもライトで、なおかつとんかつ定食よりも、さらに優しい食べ物という感じか。玉子で包まれているので、なんとなく消化もよさそうな気がする。……そんな気分だろう。食堂やとんかつ屋で食べるときも、定食よりもさらにおだやかなものを食べたいときに私は選ぶ（まあ、人によって違うだろうがね）。

とんかつ専門店などでは、特に揚げたてのカツの玉子とじでこれはとてもおいしいが、そば屋など店によっては、作りおきのカツを玉子でとじる場合もある。まあ、それはそれでカツの衣と玉子がなじんでおいしいものではある。

また、かつ丼の仲間のかつ重は出かけた先で食事として出される「三大『うれしい』お重」の一つでもある（他は、天重と鰻重）。出されたお重（丼でもいいが）のフタを開けると、ほんのり湯気が上がり、玉子でとじたカツ、その上にグリンピースが美しく配されているのを見ると、「おお、今日は良い日じゃないか！」と感動してしまうものだ。刑事ドラマで出てくる取調室のかつ丼もいわば「出先」で出てくる「おいしいもの」なので、感動の種類は共通しているだろう。個人的には、青山の某所で昼に出てきたかつ重がものすごかった。カツの玉子とじの上にさらに生玉子が載っているのである！　さらにカツも肉厚ですばらしい一言につきるカツであった。後で調べると、青山の「更級丸屋」で、実はあまりのおいしさに店を調べて食べにいったが、残念ながら閉店してしまっていた。

それでは以下、「とんかつ専門店」「立ちそば」「そば店」の三タイプで、かつ丼を食べた記録を記そう。

札幌「とんかつ玉藤」でかつ丼大盛り

日曜日の12時前、JR新さっぽろ駅で降りる。ここから地下鉄で大《おお》通《どおり》駅にいくのだ。新さっぽろ駅の駅前ビルの地下三階に札幌のチェーン系とんかつの「玉藤」があったなと思って歩いていると、ありましたよ。よし食べていこう。ここは創業が１９５２（昭和27）年と由緒あるとんかつチェーンなのだった。

入口で見ると、ヒレかつ丼、かつ丼、えび丼が７９８円でいい値段。さらに大盛りタダ、漬物も三種類ついているということなので、決まり！　かつ丼にしようと入店。昼前だが結構客がいる。テーブル席に座り、お姉さんに注文。大盛りにしてもらう。すぐにおしぼりと冷たいお茶が出てきたので、お茶を飲みつつしばし待つ。待っている間にちょうど正午となり、あっという間に満席となった。人気があるんだなあと実感する。定食を食べている人も多く、ゴマすりがつき、漬物は食べ放題のようだ。

そんな様子を見ているとかつ丼登場。これはなんともオーソドックスな直球のかつ丼。漬

なめこ汁がついていた

物は柴漬け、梅干、ツボ漬。ではまず味噌汁からいただこう。フタを開けると三つ葉が入っているのがわかる。飲むと上品な味のなめこ汁。こりゃいい。続けてかつ丼に。まずはカツをかじる。玉子でとじているのに揚げたてのカリカリ感が残っている。肉も厚めでこれはまさにとんかつ屋のかつ丼。うまい。タレはあっさりめでタマネギはやや生っぽいのが特徴か。これはこれでシャキシャキしていて好きだな。また味に深みがあるなと思ってたら、なんとしいたけのみじん切りが入っていて、これが深みの理由だと納得。

納得後はもうバババと食べ進めたのであった。かつ丼はバババと食べ進めなくてはね！

（2013年6月）

「小諸そば」でミニかつ丼セット

暑い日。渋谷駅近くにある、いつもの「小諸そば」の並木橋店にいく。そばだけだと元気が出ないので、かつ丼とのセットにしよう。ここには、かつ丼セット６７０円とミニかつ丼セット５９０円がある。ミニはヒレかつが二個、ふつうのは三個という違いがある。今日はミニでいいや（ミニと言ってもとてもボリュームがあるのだ）。

店内に入り、券売機でチケットを買い、カウンターでお兄さんに渡す。ちょっと時間がかかるそうなので、冷水機で水をくんでそれを飲みつつしばし待っていると、「ミニかつ丼の方！」と呼んでくれたので、お盆を受け取り、カウンター席に座る。まずはテーブルの上にあるネギを容器から多めにもらう。小諸そばはネギ食べ放題がうれしいね。続けて梅干しも一つ、ワサビも少しもらい、準備完了。

まずはかつ丼から食べよう。ヒレカツが二個のり、玉子とタマネギでとじて、三つ葉も載っている。食べると玉子は硬めにとじてあるが、私はこちらのほうが好きだな。カツはとて

ネギは食べ放題！

も柔らかく、濃いめのおつゆもたっぷりでガッツリ食べられるうまさ。タマネギも火は通っているがシャキシャキしていい感じ。また、かつ丼の合間にそばも食べよう。小諸特有のこしのある細いそばと辛目のめんつゆのバランスもよい。そばと丼をともに食べていると、午後の力がチャージされていくかのように、元気になっていくのがわかったのであった。ああ、うまい。最後にはそば湯も飲もうっと。

（2013年8月）

神保町「桂庵」でかつ丼セット

かつ丼と言えば私的には神保町のある店のかつ丼が最もバランスがとれていておいしいと思う。ということで本書を記すにあたってぜひ食べて紹介しようと思い、平日の14時過ぎに白山通りにある、ある店こと「桂庵」にやってきた。おお、ナイスタイミング。表の掲示を

私的に一番好きなカツ丼

見ると、かつ丼セットが750円→700円と安くなっているじゃないか。すぐに入店する。
　店内はほどほどの混み具合。この店、とてもゆっくりと食事ができるから好きなんだよな。今日は暑いのでそばは冷たいのにしてもらおう。ちなみにそばは半盛りだ。注文し出てきた水を飲みつつしばし待つ。ここはかつ丼のほかには鳥丼、親子丼、天丼などのセットがある。ふだんでもかつ丼セットが750円は安いなあ。
　鳥丼をまだ食べてなくて今度食べたいなあと思っているとかつ丼セット登場。相変わらずステキだ。そばは量が半分で、セットとしては丼が中心ですね。ではまずかつ丼から。丼いっぱいに入ったカツの玉子とじから食べる。カツは薄すぎず厚すぎず、何よりもよく煮えている。

硬めのご飯とカツ、そして間に入っているタマネギをシャリシャリと一緒に食べるととてつもなくおいしい。この店のかつ丼を私が好きなのは、全体のバランスの良さ、そしてゆったりと食べられる店の雰囲気だろう。焦らされることなく、神保町で買ってきた古書を眺めつつ食べるかつ丼はとてもおいしい。さらに付け合わせの白菜の漬物も古漬けでちょっとすっぱくてうれしい。

……さて、そばは後で食べようかと思ったがちょっとばかし味見をしよう。ネギとワサビを入れてツルツルと食べると細麺でシコシコ、そしておつゆの甘みとうま味が強い。これは最高の組み合わせだなと思いつつ、ふたたびかつ丼を食べに戻ったのだった。

（2013年8月）

そこにカツを載っけて！……カツカレーという「ダブルごちそう」

かつ丼、それも玉子でとじたかつ丼はカツを玉子でとじるという「調理」がなされるわけだが、かつ丼にはソースカツ丼やタレカツ丼もある。ソースカツ丼は、長野県駒ヶ根市や福井県福井市、福島県会津市などで食されるもので、ご飯にキャベツを敷いて（福井はない）、カツを載っけてソースをかけるもの（またはソースをくぐらせる）、新潟で食されるタレカツ丼はタレにくぐらせてご飯に載っけたものであり、「調理」はなされる。

それとは別に、既存の食べ物に「カツを載っけてしまった」料理も存在するわけで、その代表格が「カツカレー」だ。

前章で触れたように、カツカレーは、1918（大正7）年に浅草の「河金」で「丼飯の上にカツを載っけてカレーをかけてほしい」という客の注文から河金丼として誕生したものとされている。さらに21（大正10）年に創業した新宿の「王《おう》ろじ」にも「とん丼」という、やはり丼にカツをもりつけ、カレーをかけた料理が名物である。ちなみに、「とんかつ」という言葉は同店が発祥だとする説もある。

また、「カツカレー」としての発祥は銀座の「スイス」が名乗りを上げている。なんとこの店は「煉瓦亭」の隣だ。1947年創業の「スイス」でのカツカレーの発祥には巨人軍の選手、千葉茂が関係している。当時巨人軍のユニフォームは「銀座テーラー」で作成していたが、その店主から千葉は「スイス」を紹介された。千葉は「スイス」で「カレーライスにカツを載っけてくれ！」とお願いし、そこでカツカレーが誕生したのである。48年のことだった。河金丼とは逆で、カレーにカツを載っけたわけだが、このようにただでさえおいしいものを二つ合体させたわけだから、これは国民的に人気が出ないわけがなく、かつ丼と並ぶ二大料理となったわけだ。

それではどんなカツカレーがおいしいのか。カツが突出しすぎても、カレーが主張しすぎてもバランスが崩れる。『dancyu』1992年4月号「テイクアウトの徹底活用で理想のカツカレーに挑む」という記事（文・林巧）で行っていた実験が面白い。いくつかのパターンを組み合わせてカツカレーをつくっているのだ。それは、

①上野のとんかつ店御三家（「双葉」「蓬莱屋」「本家ぽん多」）の一店のヒレカツ＋神保町の欧風カレー専門店の辛口ポークカレー
②青山のとんかつ専門店の一口ヒレカツ＋銀座のインドカレー専門店のキーマカレー
③上野御三家の一店のロースカツ＋銀座のインドカレー専門店のしゃぶしゃぶエビカレー
④近所の肉屋のカツ＋レトルトカレー

以上4種で、このうち、③のみカレーがカツよりライスにより馴染んでしまうために無理があったとしているだけで、他は高い評価が与えられている。特に④が予想通りの、うまくはないがまずくもない、予想を裏切らない味だと「評価」しているのがとても興味深かった。

「……高級素材のカツカレーの後ではなおさら、身をやつしてもしぶとく生き続けるカツカ

レーの持って生まれた凄みに触れた気がした」とあるのがすばらしかった。まさにその通りで、カツカレーは高くてもうまいが、安くても満足できる。何しろそもそもおいしいものが二つ合体しているわけで、まさに「ダブルごちそう」なのだから。

それでは、以下では、私なりに選んだ三つのパターンの店で、カツカレーを食べてみよう。

「C&Cカレー」でロースカツカレー

「C&Cカレー」は時々食べたくなるカレーチェーンだ。私はものすごくカレーが好きというわけでもないけれど、京王線を中心に展開しているC&Cではよくカレーを食べている。まず値段がまあまあ安い。特にサラダなどを追加して「定食的」に食べてもそんなに高くはならない。さらにサービスの福神漬とラッキョウが食べ放題で、特にラッキョウがおいしいのがいい。

ということで、平日の17時近く、遅すぎる昼飯として、渋谷駅の井の頭線の下にあるC&Cにやってきた。今日はカツカレーを食べよう。三元豚《さんげんとん》のロースカツカレーで630円。こ

このように栄養バランスよく食べることができる

の値段は私としてはちょっとした贅沢な値段。さらに100円のサラダもつけよう。チケットを買って着席。ここはカレーはマイルドか中辛、辛口、野菜の中から選ばねばならない。どうしようかと思ったがやはり「中辛をください」とお願いする。すると水と次回のサービスチケットが出てくるのでそれをもらい、水を飲みつつしばし待っていると、いよいよ登場。カツカレー、サラダとドレッシングだ。

ドレッシングは和風クリーミードレッシングと青じそがあるが、よし、和風クリーミーにしよう。それをサラダにかけ、カレーに福神漬とラッキョウをもらい、さあ食べよう。いやあ、立派なカツカレー。カツは衣が適度に油っぽく、カツの肉自体がおいしいというよりも、カレーのルーと一体化したおいしさ。カツカレーって結構全体のバランスが大事で、このカツカレーはすべてが互いにおいしさを助け合っている感じ。何しろ、駅近くのチェーン店でサラダをつけて730円で食べるカレーとしては上出来だ。ちなみに、中辛にしてはちょっと甘いかなと思っていたが、食べ進むとピリリとくる奥深さ。これがC&Cのおいしさなんだよね。間に食べる甘酸っぱいラッキョウもうまくて、なんと幸せな食事なのかと思いつつ、スプーンを動かしたのであった。

（2013年4月）

「松乃家」でささみカツカレー

カツカレーが突然食べたくなった。カレーライスでもなく、カツライスでもない、カツカレーだ。いつも通過する菊名駅前の「松乃家」で新生活応援フェアをやっている。ささみカツカレーがサラダセットで500円だ。これを食べていくこととしよう。

今日は日曜なのに店内は結構混んでいて、カウンター席は満員、ところがなぜかテーブル席が一つだけ空いていたので、やむなくチケットを買ってそこに座る。トイレに行って帰ってくると、セット登場。こりゃいいや。ささみカツの大きなものが二つも載っている。またカレーに千切りキャベツが添えられているのがいい。
まず、ミニサラダに人参ドレッシングをかけて準備を整える。まずカレーから食べると、これはやはり系列の松屋のカレーの味。私は松屋のサラサラ系ルーのカレーが好きだからいいんだよ。ただ、カツの下にご飯が隠れていて、カツを食べるときに意外とルーも使うから、計画的に食べないとルー不足に陥ることだけ気をつけないとね。カツを食べるとサクサク系のあっさりささみでかなりおいしい。ささみは脂もなくさわやかだけど、これは大きいのでボリューミーでいいよ。ちなみにカレーについているキャベツはドレッシングをかけないで、ルーと混ぜてシャキシャキした具として食べるのがオツですねえ。

（2013年4月）

「かつ壱」でカツカレー

以前訪れた目黒の「かつ壱」のカツカレーがどうしても食べてみたい。ものすごくおいしそうだったのだ。ということで、また目黒にきてしまった。今回は13時なので、店は比較的

あふれかえるカツ！

空いていた。カウンターに座り、カツカレーを注文する。それにしても相変わらずとても混んでいるな。

さて、まずおしぼり、お茶とお新香（キュウリ、大根）が出てくる。まあ、このお新香をボリボリ食べつつ待っていてもいいんだが、やはり全部出てきてからにしよう。おっ、サラダもきたな。目の前ではテキパキと他の客のカツ定食ができていくのが見える。その中で、ご飯がお皿によそわれ、オヤジさんによってカツが載せられ、さらに奥のお姉さんによってルーがかけられ、カツカレー完成！　すごい！　カッコいい。カツがあふれかえっている。

ではまず、ルーの部分を。小さい人参とタマネギが入っているようだ。さらさらのルーが炊き立てのご飯によくからまり、さっぱりとおいしい。さらにカツも一緒に食べる。カツは肉厚、揚げたてだからやはりすごいおいしさ。それがサラサラのルーと見事に調和して全体としてものすごいおいしさに。米もうまい、ルーもうまい、カツもうまいで、うまい×3で、なぜか5倍くらいうまくなっているよ（笑）。そしてサラダとお新香で時折、口の中をさっぱりできるのもうれしいところなのだった。

夢中になって食べていると、近くにいるサラリーマンがやはりカツカレーを食べている。彼はカツにソースをかけて食べている。あっ、そういうプレイもあるのか。後半戦で真似てみると、ソースの酸味でやや味が変化する。なんだかマイルドになったようで、意外にグッド。

カツカレーにソースって、結構いいもんですね。

（2013年4月）

カツサンドは食事でありおやつでもある

とんかつを利用した料理で、次に出てくるのが相棒のご飯から離れてパンの間に挟まってしまう「カツサンド」である。

もともとは前述した井泉がカツサンドの発祥であるとされているが、現在は幅広く食べられる料理となった。名作グルメ漫画『孤独のグルメ』（原作・久住昌之）でも主人公が「肉の万世」のカツサンド（作中では万世橋カツサンド）を食べるシーンがあり、とてもカッコよかった。このカツサンドは野菜は入っていなくて、薄いパン、厚いカツをソースがとりもっていて、それを道端に座って温かい缶コーヒーで流し込むのがなんとも粋な食べ方だったのだ。

忙しい男の手軽な食事としても機能するが、一方では手軽に食べられるために「おやつ」でもある。もとCA（キャビンアテンダント）のｋｅｉｋｏさんの名著『ｋｅｉｋｏのB級グルメ道』ではまい泉のヒレかつサンド（三切れ入り３６７円）を三時のおやつ（コーヒーブレイク）として食べているシーンが出てきて、なるほどなと納得したのであった。

カツサンドの元祖は前章で記した上野「井泉」とのことだ。１９３０（昭和５）年創業の井泉（店名は初代・石坂一雄の画号より命名。「せいせん」という読み方だったが、客が「いせん」と呼んだためそうなった）のあるところは、同朋町といわれていて、下谷花柳界の中心だった。そのため芸者の客も多く、口紅が取れないよう、口元が汚れないよう、パンを特注して一回り小さいカツサンドが登場したそうだ。

井泉や、その系統である「まい泉」のカツサンドなどは素材はパンとカツだけで、野菜は介入しておらず、まさにシンプルなおいしさの際立つ食べ物だ。また、千切りキャベツやトマトやレタスを挟むバージョンもある。

それでは以下で、カツサンドを複数紹介する。

「まい泉」のカツサンド

「まい泉」のカツサンドは首都圏だと多くの場所で買うことができる。私的には菊名の東急ストアで買うことが多いか。大体三切れ388円か六切れ777円のタイプ。カツとパンとソースだけのシンプルさながら、肉を食べた満足感も満ちたこのまい泉のカツサンドはすばらしい。私の場合は菊名で東急東横線からJR横浜線に乗り換えるときに東急ストアで明日の朝ご飯用に買うが、大体八割方、自分で食べることはない。というのも朝起きてくると、私より早く起きている子どもたちがほぼ食べてしまっているからだ。

子どもたちもすぐ食べてしまうほど、まい泉のカツサンドは広く愛されているのですね。

「旭川井泉」のカツサンド

（2013年8月）

空弁としてはカツサンドは最適

上野井泉から暖簾わけした「旭川井泉」。この店が札幌の大丸で惣菜店を出していることは知っていた。札幌の用事の後、帰りの飛行機の中で食べようかと思って、買っていくことにしよう。三切れ420円のでいいや。あと、コロッケなども買ってみたかったけど、今回はカツサンドだけにしよう。お金を払い、大丸を後にして、JRで新千歳空港に。いろいろ買い物をして飛行機に乗る。

飲み物を配る時間となったのでコーヒーをもらって、カツサンドのフタを開ける。おお、まずおしぼりが入っているのだね。カツサンドって、すごく機能的・メカニックでなんだか未来的な食べ物だよね。『孤独のグルメ』じゃないけど、コーヒーととても合うよね。個人的にはブラックコーヒーがいいと思う。

まず一切れ目。「まい泉」とは違い、カツがそれほど成型されていない。カツがややワイルドだが、ソースはまい泉より控えめな感じ。やや油っぽいかな。でも食べ終えた後に、ブラックコーヒーでその油分を口の中から流し去るのがこれまたいいのだった。

（２０１３年６月）

名古屋で「ＫＹＫ」のカツサンド

名古屋で新幹線に乗る。新横浜まで2時間かからない。まあ駅弁を食べてもいいが、ちょっと短い。それでも何かを食べたい。どうしようと名古屋駅前の髙島屋の地下を見ていたら、カツサンドがある。そうだ、こういうときはカツサンドだと思って購入することに。「ＫＹＫ」。これはたしか大阪の店だったが、まあいいや。３８８円と値段も手頃なのがいい

カツサンドは新幹線で食べるのもいい

し、さらに小さくコンパクトなのがいい。購入後、新幹線のホームに上がり、ぎりぎりのところで缶のブラックコーヒーを買い、無事乗車。

かくしていつものC席に座る。私落ち着きがないので通路側がいいんだよ、トイレにも行きやすいし（笑）。かくして席に座り、カツサンドを開ける。おお、こりゃシンプルなカツサンド。カツとパンだけのタイプだ。食べると肉のパワーとソースのほどよい酸味が実にうまくて、思わず冷たい缶コーヒーを飲んだのであった。

（２０１２年６月）

メンチカツとミンチカツ

では、以下ではカツのバリエーションについて見ていきたい。まずは豚肉をそのまま使うのではなく、ミンチ肉にして揚げた料理、関東ではメンチカツ、関西ではミンチカツと呼ぶ。肉を細かく切るという意味のｍｉｎｃｅから派生した言葉のようだ（岡田哲『たべもの起源事典　日本編』）。この流れは戦前からのようで、前述の『たいめいけんよもやま噺』には、「街の洋食屋で挽き肉料理といえば、メンチボールに決まっていたもんです」とある。ただし、このメンチボールは丸い形のハンバーグで、衣をつけて揚げたものではなかったようだ。ただし、挽き肉のことをメンチと呼んでいたのはよくわかる。もともとは1907（明治40）年頃には、肉屋が肉挽き器を備えるようになったために、料理記事にメンチボールやメンチビーフが登場するようになったそうだ。

一方、関西では老舗の洋食店のメニューをたどっても、やはりミンチカツと呼ぶケースが多い。2010年12月に閉店した神戸のレストラン「ハイウェイ」は32（昭和7）年創業で谷崎潤一郎らによる命名で知られていた名店であり、ここのメニューには「ミンチビーフカツレツ」があった。最後の時期は2500円だった。また、後述する「グリル一平」は52（昭和27）年創業で、ここもミンチカツレツと呼ぶ。ライス付きで980円だ。

ただ、なぜ関西で「ミンチ」、関東で「メンチ」となったかはよくわからないのであった。私事ながら、私の出身の四国今治《いまばり》でもミンチカツと呼んでいたが、これは今治が関西文化圏だからだろう。

いずれにせよ、ミンチカツもメンチカツも、とんかつよりはリーズナブルな場合があり、挽き肉なので、それほど咀嚼《そしゃく》力を必要としないために、「とんかつよりはやさしい食べ物を……」というときに食べたくなるものだ。ウスターソースで食べる店もデミグラで食べる店もあって、そのあたりのバリエーションも楽しい。私は、四国の今治でミンチカツはケチャップで食べていたのをよく覚えている。

それでは、以下で、関東の「メンチカツ」と関西の「ミンチカツ」とを食べ比べたい。

東のメンチカツ　御徒町「ラホール」

昭和通りを秋葉原から御徒町まで歩いていた。いろいろ用事もあるので、このルートはよく歩いている。ふと、横道を見ると「ラホール」というカレーがメインらしい店がある。カレーがメインではあるものの、定食も充実していて、よい雰囲気が醸し出されている。「これは！」と思ってみると、メンチカツ定食とかあるじゃないか！　カツカレーも魅力的だったが、野菜も食べたいので、やはりメンチにしよう。

かくして、入店したのは14時近く。なのに、店内は結構な混み具合。このあたりは実はサラリーマンも多いのだ。とりあえずテーブルに座り、メンチカツ定食５９０円を注文。カニクリームコロッケも興味深いところではあるなと思いつつ、水を飲み、待つ。壁に「大盛り

実力派のメンチカツ

サービス」と貼ってあったので、通りかかった店の人に頼んでそうしてもらう。さらに店内を見ると日替わり定食もあったのだと気がつくと、メンチカツ定食登場。これはすばらしい。なんとも大盛りご飯が平皿に美しく盛られている。メンチカツもきれいだ。丸いメンチカツとキャベツの千切りだ。

まずは味噌汁。ワカメとネギのシンプルな味噌汁だが、これがあなた、しみじみおいしい。続けてメンチカツにとんかつソース、キャベツに白いドレッシングをかけてさあ食べよう。サクリ！　実に軽快に揚がったメンチカツ。ソースの酸味と挽き肉のうまさと相乗してご飯やってきなさいという感じだ。さらにお米が一粒一粒立っているような炊き具合の良さで、メンチカツを引き立たせている。これはいい店だ。今度はカツカレーを食べにこようと思いつつ、またしてもメンチカツをサクリと食べたのであった。

（２０１２年10月）

西のミンチカツ　梅田「マルマン」

これで800円。十分安いが、ライトランチという日替わりは580円

梅田食道街の「マルマン」はサラリーマンの聖地である。平日の昼時に訪れると、ぎょうさん行列してはるわ〜。でもサラリーマンは食べるとすぐに出ていくので、行列はサクサクと動くのであった。今回、久々にマルマンを訪れる。本来はライトランチという日替わりの５８０円のランチを食べたかった。今日はミックスフライで、チキン、エビ、コロッケだったのだ。しかし、今回は関西のメンチカツ、もといミンチカツを食べたいと思っていたので、ミンチカツにする。６５０円＋ご飯１５０円で８００円。ああ、ランチがあるのに別メニューを食べる

ふんわりとしたミンチカツ

というのは、なんだかとても気持ち悪いな（笑）。
　さて、店内に入り、当然のように相席で座る。店内には巨大なエアコンとバックミラーがあり、存在感があるなあと思っていると、サラダ、ミンチカツ、そしてライスが登場。おお、大きなミンチカツ。半熟の目玉焼き、インゲン、スパ、ポテトがついている。ミンチカツにはソースがかかっている。
　さっそくナイフで切っていただく。これは柔らかいミンチカツだ。ソースはケチャップぽい味で、酸味がなんとも懐かしい。ふんわりした食感でとてもおいしい。問題は半熟の目玉焼きをどう運用するかだが、これは黄身の部分をソースと混ぜて食べてみよう。うーむ、ややマイルドに味が変化した。ワンプレートの料理は、ある食材が別の食材に影響を与えるのが魅力だなあ。満足だよ。

……しかし、それにしても他のサラリーマンたちは圧倒的にライトランチを食べている。バーゲン会場にきて定価の商品を買っているような気持ちもした梅田の昼下がりであった。

（追記）ライトランチには回数券もある。11枚で5800円。それもあってか、ライトランチは人気なのだ。


（2012年10月）

偉大なチキンカツ

さて、前章で記したように、カツレツはそもそもはビーフカツが主体であったが、その後ポークカツが主流となっていった（関西では今でもビーフカツが少なくないのだが）。牛、豚とくれば、鶏もカツにしていいはずだ。

明治以降、肉食をするようになった日本人にとって、最も親しみやすい肉は鶏であった。『近代日本食文化年表』によると、1907（明治40）年に刊行された『年中惣菜料理』に登場する1000余りの献立の中で、肉料理は鶏肉60回、牛肉7回、豚肉1回、ただ肉とあるもの26回、ハム7回で合計102回（原書ママ）のうち、鶏肉は半分以上を占めていたのだった。

これが戦後の1955（昭和30）年にブロイラーの大規模飼育が開始されると、価格も安くなった。そのような経緯があるために、とんかつ屋でも街の定食屋でも、チキンカツは価格も安くて（安くないときもあるけど）、いつもわれわれの味方なのだ。

前章まで、特に第2章でチキンカツを食べているが、本章でもとんかつ店と普通の居酒屋ランチとしてのチキンカツを二つほど紹介しておこう。

「かつ泉」で鳥かつランチ

横浜の港南台で用事が終わった。かつてはこの街には、ステーキの「あさくま」があり、そこによく行ったのだが、もはやない。そのためブックオフの発想のもととなった「ぽんぽん船」という古書店をふらりと観たあとに、とんかつの「かつ泉」に行くこととする。ここは「せんざん」の仲間のとんかつ屋なのだ。

ご飯のお代わり、大盛りで食べてしまった

訪れたのは14時30分だったがまだランチをやっていた。偉いね。入店して、テーブルに座り、出てきた冷たい緑茶を飲みつつ何にしようかと考える。とんかつでもよかったが、今日はチキンカツを食べたくなったので「鳥かつランチ」924円にしよう。味噌汁、ご飯とも二種類から選べるので、白い米と岩海苔の白だしの味噌汁にする。ちなみに味噌汁のもう一つは赤だしのナスと油揚げ。

さて注文すると、漬物セットとスリゴマが出てくる。両方とも、最近はいろいろなとんかつ屋で見られるようになった。漬物はキャベツの浅漬け、梅干し、大根。どれも食べるとあっさりして、おいしいおいしいと食べているとランチ登場。立派な定食。まずゴマをすって準備する。ソースも二種類あるな。

ではまず味噌汁。岩海苔の磯の香りがいい。麩《ふ》も入っているね。続けてチキンカツ、もとい鳥かつ。これはふわりと柔らかいね。食べるとてもご飯がほしくなり、猛然と白いご飯を食べ進む。この店は、ご飯、キャベツ、味噌汁はお代わりできるので、ご飯をお代わりしよう。

ああ、ご飯がおいしいのでもうなくなった。この分だと三杯食べてしまいそうで、それだと食べ過ぎなので、二杯目を大盛りにしてもらう。が、やってきたお代わりの盛りがとてもよかったので、三杯食べるのと大差なかったのであった。

（2011年7月）

四谷「テング酒場」でチキンカツさば定食

暑い中を麹町から四谷に向けて歩いていた。ちょっと昼ご飯を食べていこう。暑いので元気をつけるためにカツでも食べたいが、カツ一直線のようなカウンターだけの小さい店に入るほどの力が私には残っ

肉と魚、両方食べられてとてもうれしい！

ていない。そんなことを考えていると、駅前に「テング酒場」があった。ここのランチとても気になるんだよなと思いつつメニューを見ると、チキンカツカレーとか、メンチカツとかある。安い。日替わりは590円。ご飯のお代わりもできるようだ。こりゃいいやと入店を決める。

地下に下りて行くと、13時30分という時間なのにほぼ満員。サラリーマンと男子学生が多い。ああ、目の前は上智大学だからね。「ランチはなんでしょう？」と聞くと、チキンカツとさばの一夜干しとのこと。いいねと注文。水をもってきてくれたので、まず一杯飲み干し、テーブルの上のピッチャーで二杯目をごくごく飲む。うまいなあと思っていると、さっそく定食登場。これはいいいな。私が食べたいものがすべてそろっている感じだ。
まずは味噌汁。アオサの味噌汁で磯の香りがいい。続けてチキンカツにレモンをしぼり、ソースをかけ、添えられていたマヨネーズをつけて食べる。カリッと揚がったチキンカツは薄いものの、サクサクとおいしい。マヨとソースもちょっと和《あ》えてみたけど、調味料としてグッドだね。続けてサバ。二切れもあって、食べると脂の載ったウマいサバ。さらに漬物も野沢菜で、ご飯がもりもりと進む。当然米はまたたく間になくなってしまったので、「お代わりください！」と頼んだのであった。

（2012年7月）

トルコライスのスゴい世界

かつ丼やカツカレーのように、とんかつが参加して別の料理となったものの中でも、ユニークかつメジャーな存在がトルコライスだ。一般的には長崎のものが有名だ。どういう食べ物かというと、「カレーライス（もしくはドライカレー、ピラフ）」「とんかつ（チキンカツ）」「スパゲティ」の三種類の料理で成り立つ一皿料理（ワンプレートランチ）だ。

名前の由来は、「カレー＝インド」「とんかつ＝中国」「スパゲティ＝イタリア」の中間にあるのがトルコだという説や、「ピラフ・焼き飯（中国）」「スパゲティ（イタリア）」の両方の地域をとんかつが架け橋として結んでいるので、その中間地点がトルコだからという説などいろいろある。

ただここで力説したいのは、長崎だけに見られるわけではなくて、全国各地で同名の料理が存在することだ。また地域ごとに長崎方式ではないトルコライスが存在する。よく見られるのは、大阪、京都などの関西地方、そして四国では高知。さらに首都圏では横浜・川崎地区でも見かけることができる。中でもこの「横浜・川崎型トルコライス」は前述の長崎型とはまったく異なるのだ。

最初にこの横浜・川崎型トルコライスに出会ったのは2007年で、横浜の日ノ出町にある「ミツワグリル」だった。ケチャップ炒めのライスの上にとんかつが載ったタイプで、680円。ご主人に聞くと、同店は1953（昭和28）年に創業しているが、いつからこのメニューがあるかはわからないとのこと。もともとはケチャップライスの中にカツが入っていたが、一見するとカツが入っているのがわからないので、いつしかカツが上に載っかるようになったそうだ。そして肝心の名前の由来はよくわからないのだが、「トルコ式サウナのように中に入っているという説もあるよ」とご主人が教えてくれた。これはなかなか面白かった。

さてトルコ式のサウナというと、やはり川崎だなと思っていると、なんと川崎の武蔵小杉の「かどや」にもトルコライス（８５０円）があった。ここはまさにケチャップライスの中にとんかつが入っている中入れ方式だった！　同店のおやじさんによると、若いとき（戦後まもなく）に渋谷食堂（有名だった渋谷の大衆食堂。現在の宇田川町にある万葉会館）で食べたトルコライスを二十数年前に再現したそうだ。その流れからいくと、トルコライスは戦後には渋谷に存在していた可能性が高まった。

また２０１０年に本牧《ほんもく》にある「キッチンさし田」でもトルコライスが発見された。これまた中入れ方式であった。ご主人に聞くと、この「さし田」は75年に移転してきて、それまでは蒲田のミスタウンという映画館街にあったそうで、メニューもそこから存在しているそうだ。ご主人によると、当時川崎にもトルコライスを出す店があったらしい。

以上、これらの調査から判明するのは、東京南部・川崎・横浜の地域においては、戦後にはトルコライスはそれほど特別なメニ

「キッチンさし田」

これは「キッチンさし田」のトルコライス

ューではなく、むしろ親しまれたメニューであったということだ。

では、ここでなぜトルコという名前なのかという疑問がまだ残る。前述のサウナの説もあるだろうけれど、同時に「渋谷にトルコ大使館があった」とか「トルコは親日的だったので、名前に親しんでいた」など複数の理由もまた考えられる。ただ、大きな皿（ワンプレート）の上に、ごちそうをいくつも並べて、それになんだかハイカラな名前がついていれば食欲も興味もわいてくるというあたりが名前が定着した理由のような気もする。子どものときに食べたお子様ランチの興奮を呼び起こしますからね、ワンプレートランチは。その意味では、ワンプレートランチには「夢」が載っかっている気がする。

そんなわけで、まだまだこのトルコライスは研究続行中なのだ。ちなみに、横浜の鶴見の「ばーく」にはトマトライスというワンプレートランチがあり、これはチーズ入りのトマトライスにとんかつが載ったもので、トルコライスにとても似ていた。

全国に存在するご当地とんかつアラカルト

全国にはとんかつが料理に介入した名物料理が数多くある。表４にいくつか列挙しよう。
また、東京の人形町にある老舗（明治45年創業）の洋食店「小春軒」には、細かく切って煮込んだ野菜と目玉焼きを載せた独創的な「かつ丼」が存在している。初代が考案したそうだ。とんかつを素材とした料理の展開の幅広さはなかなかスゴイ。

かつ丼のさらなる変形としては、カツがご飯ではなく、そばの上に載っている「かつそば」というのもあり、やはり東京の神楽坂にある「翁庵《おきなあん》」の名物だ。温かいそばだけでなく、冷たいそばでもできるそうだ。そばならうどんでもできるだろうということで、東京・田端の「うどんの蔵」には「とんかつうどん」もある。

……いずれにしても、トルコライスやカツカレーに代表されるように「ごちそうを複数合

表4　主なとんかつ系ご当地料理

地域	名物料理	特徴など
北海道・根室	エスカロップ	ケチャップライスにとんかつが載り、デミグラソースのかかったもの
北海道・釧路	「レストラン泉」のスパカツ	ミートスパゲティのとんかつ載せ
福井県・武生	ボルガライス	オムライスのカツ載せ。その上のソースは店によって異なる
静岡県・沼津	カツハヤシライス	カツカレーがあるんだから、ハヤシでもあるだろうと探すと、「千楽」という洋食屋のメニューにカツハヤシライスが名物として存在した。同店は本店と北口店がある
岡山県・岡山市	とんかつラーメン	醤油ラーメンにとんかつを載せたもの
九州・長崎県	かつチャンポン・かつ皿うどん	長崎名物にとんかつをトッピングしたかつチャンポン、かつ皿うどんを提供する店もいくつかある。長崎の「辻丸食堂」などで提供されている

体してさらにごちそうにしてしまえ！」という発想のもと、完成した料理たちだろう。以下では、このようなとんかつバリエーションをいくつか紹介しよう。

経堂「笑店」のとんかつチャーハン

以前、広島で定食を食べていたとき、隣の席の人がとんかつチャーハンを食べていた。そのメニューを私も食べたかったのだが、ちょうどその人で品切れとなってしまい、食べられなかったのだ。考えてみると、とんかつとチャーハンを組み合わせるなんて、ちょっとステキだ。ぜひとも食べてみたいものだと思うようになった。どこかで食べられないかと思って気にしていたら、経堂でよく行く「笑店《しょうてん》」でとんかつチャーハンがあったことに気がついた。それならばということで、12月の雨の降る寒い土曜日の昼過ぎに同店を訪れる。

相変わらず店内は近所の東京農業大学の学生などでとても混んでいるな。ここはカウンターのみなので、奥のカウンター席に座り、

パワーあふれる組み合わせ

とんかつチャーハンを注文。カツ系メニューは結構多いな。若どりのカツレツ定食500円、豚カツ丼500円、エビカツ丼450円という感じだ。水を飲みつつさらにメニューを眺めつつ待つ。ここはラーメン、餃子と料理、麵、飯との豊富な組み合わせが特徴なので、客もいろいろ楽しめるのであった。

かくして、とんかつチャーハン登場。大きな平皿にチャーハン、サラダ（キャベツ）、とんかつ（デミグラスソースがかかっている）、そしてスープつきだ。まずはスープ。これはおいしい中華スープ。ここはラーメンもおいしい。続けてチャーハン。しっとりとパラリの中間で、具は玉子、ネギ、チャーシューで間違いなく普通においしい。続けてカツ。薄いとんかつでデミグラスがかかっているので油×濃厚という感じだが、これはパワーが出る。サラダもあるので栄養バランス的にはかなりいい線だ。ただ、口の中が若干しつこくなったなと思うかもしれない。そんなときは机の上にある紅ショウガが大活躍。口の中をさっぱりとさせてくれ、ふたたびとんかつやチャーハンに向かわせてくれるのであった。

（２０１２年12月）

新京極「レストランスター」でとんかつオムライス

京都で新京極といえば、修学旅行の中学生が木刀や八橋《やつはし》を買ったり、はたまたヤングがＵＦＯキャッチャーをやったりする、京都でもかなり気さくな通りである。この通りの半ばに「レストランスター」がある。表に大きなディスプレイがあり、オムライス、パフェなどが得意な様子。ちょうど訪れたときが家族連れだったし、いい加減歩き疲れていたので、ここで晩ご飯を食べていこうと入店。店は二階と三階にあり、三階に上る。

何を食べようかと思ったが、子どもと妻は親子プレートという、オムライス＋唐揚げ＋サ

とても洋食的な一品

ラダ+カップスープで980円というすごいセットを二人で食べるそうだ。もう一人は定番ビーフシチュー1000円を食べるらしい。私は何にしようかと思ったが、なんとオムライスの上にとんかつが載ったメニューがあったのでこれにしよう。ちょっと高くて1180円。注文して出てきたデカいコップに入った水を飲みつつ待つ。

店内は私同様家族連れが多いなあ。京都に来て気合いを入れて懐石を食べることも、はたまたニシンそばを食べることも、子ども連れだとなかなか厳しいので、こういう洋食レストランはありがたいね。……とか考えていると注文の品登場。やあ、まさにオムライスの上にとんかつがドーンと載り、その上にカイワレやピーマンが載っている。さらにオムライスの下にはデミグラソースが敷かれていて、「全部洋食ですよ！」と主張しているような料理だよ。

さっそくオムライスから食べる。玉子トロリ系のオムライスで中はケチャップライス、コーン、そして鶏肉が入っていて、手抜きがなくて偉い。上にカツを載せているからといって、オムライスの中の肉を抜かないのがとても偉い。デミグラソースもなかなかおいしい。続けてとんかつを食べる。サクリと揚がった上質なカツでオムライスとの相性がいいな。ただ、全体的に量がとても多く、食後に食べたかったパフェは無理そうだ。残念。

ちなみに、子どもに少しもらった親子プレートの唐揚げもよく揚がっていておいしかったですね。

（2013年1月）

新宿「すずや」でとんかつ茶漬け

大学のクラスメイトにブクちゃん（仮名）という男がいた。北海道から来た金持ちで、横浜駅前のライオンズマンションに住んでいて、

他の田舎から出てきた貧乏人のわれわれとは生活パターンが異なっていた。まあダンキンドーナツとコーヒーという夕食ができちゃうような男で、ちょっとびっくりしたのだった。

さて、そんなブクちゃんは時々、「とんかつ茶漬けを食べにいこう」とみんなに呼びかけていた。「なんだよ、それ?」と他の田舎者が聞くと「新宿の店なんだけど、ご飯にとんかつ載せて茶漬けにして食べるほー」と説明した。ちなみに「ほー」は口癖である。「えー、いやだなあ。とんかつは普通に食べたいな～」と私を含め、他の田舎者は拒否をしていた。

爾来28年。本書を記すにあたり、変わりとんかつでは、「とんかつ茶漬け」はまさに東京の筆頭格だろう。ということで、ものすごく暑い8月の土曜日に新宿の「すずや」を訪れた。おお、歌舞伎町の入口横にあるんだね。そうだ、すずやの看板はよく見ていたよ。

かくして「ドトール」の二階にある店に入るべく階段を上る。民芸調の落ち着いた店内。土曜の昼のせいか店はとても混んでいるが、店の人は愛想がよく、にこやかにちょっと待っててくださいといって、二人がけのテーブル席を用意してくれる。メニューを見るとホリデイランチもあったが、やはりここは「とん茶」だろう。正しくは「とんかつ茶漬け」で1500円。味は四種類あるようで、定番醤油、辛子醤油、ハバネロ、ニンニク生姜醤油だが、ここは定番醤油にしよう。

ボリューム満点！

まずはお茶、漬物（大根、梅干、高菜）が出てくる。ここのメニューに描かれているのは棟方志功だ。横浜の勝烈庵も棟方だった。きっと彼はとんかつが好きなのだろう。

かくして、鉄板に載ったとんかつ（キャベツがごっそり載っている）、ご飯、味噌汁がやってくる。店のお姉さんが「食べ方、ご存じですか？」と聞いてきたので、「いや、はじめて」と答えると、とんかつは下味がついています、途中までは炒めたキャベツととんかつをおかずに食べても途中から茶漬けにするといいです、味噌汁、キャベツ、ご飯はお代わりできますと教えてくれた。

ではまず味噌汁から。三つ葉とお揚げ、わかめの味噌汁。これは普通にうまいなあ。続けて

とんかつ茶漬け

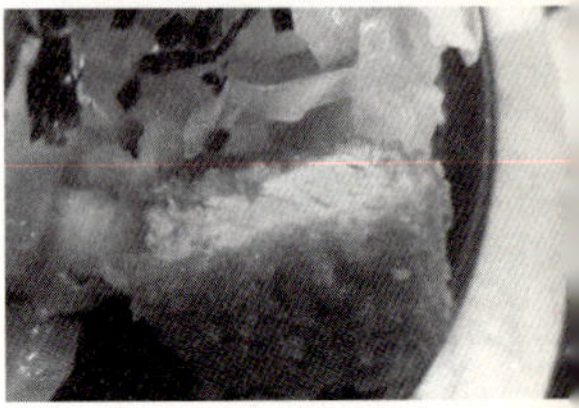

肉厚のカツ自体もとてもおいしい！

まずとんかつを。おお、ザクリとしていて、醤油味で肉厚のとんかつ。やや硬めに炊かれたご飯と食べると純粋においしいなあ。続けて炒めたキャベツを。これもザクザクしていてほんのり醤油味でいい。いやあ、「とんかつ、炒めキャベツ載っけ」としておいしいよ。あっというまにご飯を一杯食べてしまい、お代わりをもらう。これと同じタイミングでお茶ももらおう。すると、秋冬番茶と出汁、そしてワサビもやってくる。

お茶漬けにさっそくしようかなと思ったが、まだカツもキャベツもいっぱいあるので、このまま食べ進もう。……ありゃりゃまたご飯がなくなった。仕方がない。もう一杯ご飯をもらい、今度こそとんかつとキャベツ、そしてワサビを載せてお茶漬けにする。……食べると、あらら、とんかつの油分がお茶で洗われているせいか、キャベツのザクザク効果のせいか、なんともさっぱりとしつつ、力強いお茶漬けとなっている。こりゃおいしい。

「ブクちゃん、当時はつきあわないでごめんよ」と心の中で詫びつつ、サラサラとお茶漬けを食べたのであった（最後に番茶ではなくほうじ茶が出てきたよ）。

（2013年8月）

とんかつの仲間たち……
フィッシュカツ、まぐろカツ、エビカツ、馬肉カツ、パンカツなど

さて、中身が豚肉、ミンチ肉、牛肉以外にも「カツ」は存在する。いくつか紹介する。

●フィッシュカツ

魚を揚げたものなら、それは魚フライだろうと思ってしまうが、「フィッシュカツ」は徳島名産の食べ物だ。魚のすり身にカレー粉などの香辛料を入れてパン粉で揚げたもので、スーパーやコンビニで売られているとのことだ。

●まぐろカツ

魚の揚げものでカツと名乗っているのはまぐろだろうか。神奈川県三浦市にある三崎港は、まぐろの遠洋漁船の港として有名だが、町おこしメニューとして、まぐろソースカツ丼をいくつかの店で提供している。

このまぐろソースカツ丼には憲章があり、「上まぐろの尾の身を130グラム以上」「三浦キャベツをたっぷり添える」（キャベツも三浦半島の特産品）「小鉢料理一品以上とお椀がつく」「1000円均一」という共通条件があるのだった。

●鯨カツ

戦後隆盛した鯨肉料理。特に鯨カツは定食メニューとして親しまれた食べ物だった。しかしその後食べられることが少なくなり、1987年に商業捕鯨が中止されて以降、さらにレアなメニューとなってしまった。ただし、長崎は今も鯨料理がさかんで、なんと駅弁でも「ながさき鯨カツ弁当」（鯨専門店「くらさき」）1050円がある。

●エビカツ

エビを揚げればエビフライなのだが、エビをミンチにして揚げるとエビカツとなる。スーパーでも惣菜として売っているような身近な存在だ。

1970年代後半に味の素の「エビ寄せフライ」が発売され人気となった頃から市民権を得ていった。もっともエビ寄せフライは小エビをタラのすり身でつないだものだったが。当時エビフライは冷凍食品市場の二割を占めていたが、エビに衣をつけて凍らせるだけで、付加価値をつけにくかったので、「シュウマイやピラフに使っている小エビをくっつけたらどうか？」という発想から商品化されたそうだ。当初はエビどうしをくっつけるつなぎもエビだったが、タラに代えたところ、300円以上する価格を100円近く下げてヒットとなったそうだ。

私の実家でも、まさに70年代後半からズイブンと食卓に出てきたものだった。

●馬肉カツ

全国的に馬肉料理が親しまれている地域とそうでない地域に差がある。福島県会津若松は馬肉（桜肉）が親しまれている地域だが、桜鍋「吉し多《よした》」では桜ソースカツ丼定食が850円である（他店でも出されているが）。そもそもソースカツ丼がよく食べられている地域であるため、より郷土食の強いカツ料理であると言える。

私の住む町田にも「柿島屋」という伝統の馬肉料理の店があるが、ここの馬肉でつくったメンチ550円は大層おいしい。

●レバーカツ

老舗の洋食屋ではレバーカツがある。日本橋の「たいめいけん」には、「レバーフライ」がランチである。フライとあるがカツ的な存在だ。また横浜の伊勢佐木にある「レストランコトブキ」（ここも老舗）にはまさにレバカツ800円がある。ホルモン好きとしては、やり欠かせないカツであり、元気も出るので実にすばらしい食べ物だ。個人的にはもっと普及してもいいと思うが。

●ハムカツ

カツの中でもハムカツはメンチカツなどとは違い、とんかつ専門店はもちろん、洋食店でもあまり見かけることはない。まだエビカツのほうが見かけるよね。メニューとして出てくるのは定食屋や居酒屋。または洋食店やとんかつ屋でも、だんだんメニューを増やして定食屋もしくは居酒屋色が強くなるとハムカツが登場する。

ハムの厚さが店によって違い、厚ければ食べごたえがあるし、薄ければザクザク食べる幸せがある。川崎にある「コシバ食堂」のハムカツ定食は分厚いハム系でとてもおいしかった。また、惣菜屋では今でも時折見かける。おやつとして食べたり、とんかつの代わりとして食べていた時代を過ごしたおっさんは懐かしさのあまり、ハムカツを見かけると買ってきて、ウスターソースをドボドボかけ、辛子を塗って食べるのであった。

先日（2013年8月）も西武新宿線の中井駅に所用で降り立ったとき、駅前にある「松

中井駅近くでハムカツ

喜商店」という伝統の肉屋（1935年創業）がハムカツを50円で売っているのをみて、思わず二枚すぐ買ってしまった。

●パンカツ

浅草の老舗のお好み焼き屋「染太郎」にある。牛豚の合挽き肉を混ぜた生地を食パンの両面に塗り、パン粉をまぶして、鉄板で焼く。塩でもいいがソースをかけて食する。昭和初期の浅草が発祥らしい（泉麻人『なぞ食探偵』より）。カツのおいしさは肉のおいしさ、衣のおいしさ、ソースのおいしさのバランスだけれど、衣がうんとおいしくて、ソースの味がすれば、それは「カツ」の味となるのだろう。残念ながら未食なので、ぜひ食べてみたい。

●お菓子の「カツ」

「カツ」と名前がついているもので一番安いのはお菓子のカツだろう。「菓道」の「ビッグかつ」なら30円。写真で示したように四枚入りだと100円で買える。これは「すぐる」の「ハムカツ」だが。いずれも魚肉シートを揚げたもので、ソース味がついている。衣のカリカリ感と、噛みしめるとソースの味が出てくるところなんて、カツの感覚

「すぐる」の「ハムカツ」
のお菓子

がとても楽しめる。イカ関係のお菓子や珍味に強い広島のメーカー（「大塩スルメ」「すぐる」など）と茨城県の「菓道」のものが売られていることが多いね。

column コラム

フィッシュカツを食べる

徳島のフィッシュカツを食べてみたいと思った。しかし徳島は遠い。愛媛出身の私だが、おそらく一度しか行ったことがないな。そうだ、こういうとき、アンテナショップに行けばいいのだ。私も今治のえびすみそ「ひしお」を買いたいときは新橋の愛媛＋香川の物産店の「かおりひめ」に行くものな。徳島の店はどこにあるのだろうと調べると虎ノ門にあるようだ。私が昼間いる恵比寿からだと地下鉄ですぐじゃないか（神谷町から歩けばいい）。ということで日比谷線に乗って虎ノ門にあるローソン虎ノ門巴町店をめざした。このローソンの中に「なっ！とくしま」という徳島の物産コーナーがあるのだ。

中に入るとたしかに徳島コーナーがあり、フィッシュカツが

東京で買えたよ!

あった！「つくしのフィッシュカツ」190円（二枚入り）とミニカツ274円がある。190円のにしよう。ブラックコーヒーとともに買い、家に帰る。袋の外からもソースっぽいうまそうな匂いがプンプンするなあ。まず袋から出して、皿に載せて写真を撮る。デカいなあ。大きさをはかると12センチ×15センチもあったよ。

温めようかと思ったが、直感的にそのまま食べたほうがいいだろうと思い、食べると衣に香辛料がしみていて、中は薩摩揚げかじゃこ天のような練り物。練り物好きの私にはたまらんな。うまい。油っぽくないなあ、お菓子みたいにサクサク食べられる。部活帰りに食べる味だ。二枚で190円だから、一枚100円しないので、本当に帰宅時に買うよな、これは。

それにしても、この味どこかで食べたことがあるなとしばらく考えてみたら、お菓子の「ビッグかつ」と近い味だと気がついたのだった。あれも魚肉シート揚げたものだしね。ああうまい。

（2013年8月）

第6章
日本とんかつ紀行

幕張「うどんの杵屋」のかつ丼セット

大阪「だるま」の串カツ

全国に広がるとんかつ文化。ここでは実際に現地で食べた報告とともに、東京で食べられる地方のとんかつなどを含めて報告することとしよう。

札幌でとんかつ！

用事があるので、毎年札幌には出かける。東京から行くと、札幌といえば、海鮮・ラーメン・スープカレーとかになるだろうが、私にとってはすばらしい定食観察地である。北海道大学をはじめ、多くの大学があることと、支店経済（大手企業の支店が集中する都市）のため単身赴任で外食を取る人が多いせいか、定食文化が花開いているからだ。さらに、地元の人々には焼きそばや塩ホルモンなど、独自でよく食される食べ物もある。札幌の人々は実はとんかつも大好きなようで、チェーン店や名店が多いのであった。別章で「旭川井泉」や「玉藤」は紹介しているので、ここでは他に二店ほど紹介しよう。

札幌その1
「自由人舎　時館」でおろしとんかつ定食

ライスはSサイズと弱気

北海道大学のそばには、ステキな定食屋が多く、これまでにも多くの店を訪れてきたが、「自由人舎　時館《じかん》」は未訪問だったので、今回訪れてみよう。大盛りが得意な店だが、定食メニューも充実している。

昼前に入店すると、禁煙はテラス席とのことで、明るい席に案内される。すでに学生の客と熟年カップルがいるな。テーブルであらためてメニューを見る。カツ系のメニューの中には、おろしカツうどんというスゴイのがあるが、ここは「おろしとんかつ定食」でいってみよう。ライスはSが170グラム、Mが270グラム、Lが470グラム、Wが670グラムとかなりバリエーションがあるが、最近は弱気なので、Sにしよう。640円。パフェもあって、食後に食べたくなったが、それほど時間がないので我慢することにしよう。北海道はアイスはうまいから食べたいのだが……。

とりあえず、おろしとんかつ定食だけ注文し、出てきた水を飲みつつしばし待つ。窓の外に、北大の緑のキャンパスが見えて気持ちがいい。熟年カップルのおじさんが「手稲山に雲がかかると雨がふる」と言っているのを聞いていると、定食登場。これはなんとも立派なカツ定食。

まずは味噌汁から。ワカメとネギのシンプルな味噌汁。器の半分くらい入っているが、私は汁はこのくらいの分量が飲みやすくて好きなんだよ。味も普通においしくてイイ感じだ。続けてカツに。野菜にはサザンアイランドドレッシングがかかり、パセリも添えられ、カツにはメニュー通りに大根おろし、海苔、ネギ、タレがかかっている。カツを食べるととてもクリスピーで衣がカリカリ！　衣がカリカリじゃないと、大根おろしに負けてしまうので、この揚げ方は大正解だ。さらに大根おろしにかかったタレが濃い目でおかず力につながる。さらに大根おろしのさわやかさでバシバシ食べられてしまう。肉もキャベツもおいしいなあ。米が足りなくなってしまった。Mにしておくべきだったと後悔する。まあ仕方がない。

それにしてもメニューを眺めつつ食べていると、どうしてもパフェかソフトクリームが食べたい。ええい、いいや！　早く食べれば！　と思って「すみません、チョコパフェください！」と最後のカツを食べつつオーダーを出したのであった。

（追記）ソフトクリームが270円でチョコパフェが400円。130円の違いしかないのなら、やはりチョコパ食べるでしょう。ということで、注文したチョコパフェが食後すぐに到着。わりと小ぶりな器。まあこんなもんかと食べてびっくり玉手箱。まずソフトクリームが実にさわやか、きめ細やかでフレッシュな味ですばらしい。同時についているチョコアイスもねっとり濃厚で最高の組み合わせ。おまけに器にみっちり入っていて、コーンフレークはほんの少しだけ。こりゃなんともシアワセな定食＋デザートとなったなと感動したのであった。

（2012年6月）

札幌その2「とんかつ　すみだ川」でカツカレー

札幌で味わい深いとんかつ屋といえば、大通りにある「すみだ川」。ここはかつ丼780円やロースカツ定食1850円を食べてもナカナカおいしいが、昨日「玉藤」でかつ丼を食

調和型においしいカツカレー！

べたばかりなので、何か別のものを食べたいと見ているとカツカレーがあるじゃないか！　これにしようと二階にある店に入る。

相変わらず油で磨かれた店内。ただし、店内はきちんと整理されていてきれいだ。とりあえず、奥の窓際の席が空いていたのでそこに座り、カツカレー750円を注文。おしぼりとお茶が出てきたので、お茶を飲みつつしばし待つ。昼時なので店内はわりと混んでいるが、かつ丼、カツカレー、定食と食べているものはみんなバラバラだ。ということで、しばらくするとカツカレー登場。わりと黄色いカレールーに、福神漬が別皿でついている。カレーには人参、タマネギが入っているのが見えるな。

ではまず、カレーとライスから。こりゃ、粘度の高いルーだな。でも、家庭のカレーともカレー専門店のものとも違う。かつてのレストランのカレーという感じか。……食べていると結構辛いなこりゃ。続けてカツに。やや薄めだが、衣はサクリ、肉のうま味もギッシリで、やはりいいカツだ。カツカレーのカツはやや薄めのほうが調和がとれていいと思うが、このカツカレーはすごく調和型のカツカレーだ。炊きたてらしいお米もすばらしくおいしい。よし、途中から福神漬投入。福神漬の甘酸っぱさとシャリシャリ感があり、さらに完成度が上がったのだった。「うめ〜」と言いつつ、カツカレーを食べる昼下がりの札幌なのだった。

ちなみに、店内に貼られていた新聞記事やおかみさんから聞いた話によると、同店は初代が東京から来た人で、それで店名がすみだ川というらしい。それは50〜60年前のことだそうだ。同店は高齢で引退する初代から現在の店主のお母さんが１９７５年頃に引き継いだ。

現在の店主は近くで精肉店をやっていて、同店のとんかつ用の肉を引き受けていたとのこと。最初は店主のお母さんと古くからの職人などでやっていたが、14年ほど前から今のご主人が揚げるようになった、店は84年に現在のところに移転したそうだ（前の番地は南３西５）。

（２０１３年６月）

首都圏でとんかつ

東京をはじめ、埼玉、千葉、神奈川でのカツ事情を数店舗レポート。東京だけでなく各地域でカツ文化は栄えているのだ。局所的首都圏とんかつレポート。

埼玉その1
「かつ敏」でヒレかつとチキンかつランチ

東大宮にやってきた。なかなか来ない駅だが、古い埼玉の田舎と最近の町の雰囲気を兼ね備えている。カッコいい古い神社などがあってなかなかシブい。いきなり何もないところにできた新しい街よりも趣があっていいねえ。

さて用事まで時間があるので、ひとつカツでも食べていこう。本来は東口にステキなかつや（とん次）があったが、ちょうど昼休みだったので、第二候補に行こう。そこは駅から10分ほど歩いたところにある「かつ敏」。なんでも回転寿司などを展開

693円＋100円（アイスコーヒー）！

している会社が運営しているらしい。ちなみにこのチェーンはランチタイムが11～17時ととても長い。今は15時で、こういう中途半端な時間でも食べられるのはとてもいいね。

店内に入ると、やはり時間的にはあまり客のいないとき。とりあえず窓際のテーブル席に案内される。ファミレスタイプのとんかつ屋で、こういう店は食後にメモなどを整理したりするのも便利でありがたい。とりあえず、メニューを見ると一番安い「ヒレかつとチキンかつランチ」が６９３円！　これでご飯、キャベツ、味噌汁（とん汁）などがお代わりできるからエライ。さらにランチドリンクも１００円で、ホットだけでなくアイスコーヒーもお代わりできる。

ボタンを押してお姉さんを呼んで、その６９

3円のランチを注文。「味噌汁かとん汁」「五穀米か白飯」の注文を聞かれたので、とん汁と白米で注文。アイスコーヒーも注文しよう。ここはゴマ方式なので、注文後、お姉さんがすりばち、お水、お手拭き、アイスコーヒーをもってきてくれる。机の上には、ソースが二種類、ゴマドレッシング、和風ドレッシング、塩、醤油、七味と充実しているなと思っていたら、ランチ登場。おお、こりゃ豪華だ。まずはお椀のフタを取ってとん汁から。大きな大根、人参、ゴボウ、豚肉、こんにゃくなどたくさん入っていて、とても幸せ。野菜貯金ができて実にいいね。

続けてゴマをスリスリすって、最初は甘いソースから入れる。チキンカツもヒレカツもとても立派。まずはチキンカツから。これは柔らかくてサクリと揚がっていて、すばらしいカツ。甘めのソースをつけるとスゴいおかず力だ。ご飯の量が少なめなので、あっという間に食べてしまいそう。お代わりはマストだなこりゃ。その前にヒレカツも少し食べるとこれもすばらしい。いい肉だ。とても693円のランチとは思えない。続けて和風ドレッシングをかけてキャベツを食べよう。おいしいドレッシングで、キャベツももりもり食べてしまう。

かくして、お姉さんを呼んでキャベツとご飯のお代わりをもらうと、ご飯のお代わりとキャベツのざるをもってきた。「(キャベツは)山盛り食べますか～?」と笑顔でいってくれた

サービスの干し梅！

ので、「ほどほどに」と弱気の笑顔で応える。いいお姉さんだ。キャベツ二杯目はゴマドレッシングで食べよう。さて、ご飯のお代わりも上品だったので、もう一杯食べようかなと思ったが、キャベツとカツの残りのことを考えてやめておこう。

やはり読み通りに満腹で食べ終える。するとお姉さんがふたたびやってきて、「ほうじ茶はいかが？」と。ステキなサービス！　当然もらうとちょっと甘い、干し梅（これ梅干しとはちがう「干し梅」という食べ物です）もサービスしてくれた。いやあ、最高の店だなここは！　と思いつつほうじ茶を飲んだのだった。

（2013年9月）

埼玉その2「とん次」で中ロースカツ定食

9月も後半になって、空が高くなってきた頃、またしても東大宮にやってきた。今日はこの前行けなかった「とん次」にいってみよう。ちょうど12時前、店の前でメニューを見ると特にランチはないようだ。

美しい形の中ロースカツ定食

中ロースカツ定食が１１００円。安くはないけど、高くもないな。入店すると、とてもクラシックな感じで、カウンター、座敷、テーブル席がある。一人なのでカウンターのはしっこに座り、中ロースカツ定食を注文。出てきた水を飲みつつしばし待つ。

奥にはテレビがあり、お昼のニュースをやっている。おしぼりと箸も用意されているな。とり唐揚げ定食もよかったな。目の前ではオヤっさんがカツを揚げているのがよく見えるな。見ていると、どうも注文のたびに肉を切って衣をつけての作業をオヤっさんが一人でやっているようだ。……かくして私のロースカツが揚がったようで、そばでおかみさんがお椀、ご飯、お新香をお盆に載っけて運んでくれた。きれいなとんかつ定食だな！

ただ、ちょっと心配だったので、おかみさんに「ご飯、お代わりできますか？」と聞くと「はい、一回できます」と。まあ今の私には一回で充分だ。

ではまず、お椀から。ゴボウ、大根、豚などが入った豚汁じゃないか。濃すぎずおいしい。続けてとんかつにソースをかけ、辛子をもらおうと、壺のフタを開けると袋入りの辛子だったので、それを皿に取る。いつものように右端から食べる。ガリ！　あっ、骨だ。まあ一つ一つ切っているからやむを得ないか。骨を取って食べるととても柔らかい。やや衣からはがれる傾向があるが、こりゃおいしい。やや硬めに炊かれたご飯がサクサク進むよ。ソースは一種類しかなくて、この店の潔さが出ている。

途中お新香を食べる。大根、キュウリ、ナスの自家漬けで、適度にしょっぱくていい。カツの脂っぽさを洗い流してふたたびカツに向かっていく力を与えてくれるなあ。当然、大量にあるキャベツもその役割を果たすわけだ。かくしてご飯がなくなる。軽く見ていたが、実はこのお茶碗、意外にご飯の量が多く、お代わりは半分にしようかと思ったが、まあ秋になって食欲も出てきたので、「お代わりください」とフルサイズでもらったのだった（食いすぎた）。

なお、この店は40年の歴史があるそうです。

（2013年9月）

千葉その1　幕張
イトーヨーカ堂内「うどんの杵屋」でかつ丼セット

海浜幕張にきた。ここは新しい街で、古い店はないんだよね。こういうときは最初からあきらめてSCの中に入ろう。駅から比較的近いイオンにはとんかつ屋がなかったので、そのまま歩いてヨーカ堂に向かう。ヨーカ堂には「ファミール」というナイスなファミリーレストランがあるものだが、ここにはなくて「オーブン亭」という店が。ここもファミレス仕様だが、残念ながらカツ系はない。

どうしようかなと思って、そのまま並びにある「うどんの杵屋」を見ると、あるじゃん、かつ丼が！　さらにメニューを見るととんかつカレーうどん８８０円というのがあり、「これは珍しい！」と食べようと思ったが、さらに掲示を見ると15時〜17時だ

カツ丼があった！

けの平日サービスでかつ丼セット５００円があった。これは安い。やはりこちらにしてしまうな私としては、と思いつつ、入店。

15時30分なのであんまり他のお客はいないので店の奥の席に座り、メニューを見るとなんとうどんは半玉まで増量できるらしい。注文を取りにきたお姉さんにそうしてもらう。注文後、冷たいお茶と同時にかっぱえびせんのようなものが出てくる。食べるとどうもうどんを揚げたもののようで香ばしくておいしい。少しだけポリポリ食べているとかつ丼セット登場。先ほどのお姉さんが「おつゆが足りなかったら言ってくださいね」と優しい言葉をかけてくれる。うれしいね。それにしてもやはりうどんの盛りはいいな。

まず、ネギ、ショウガの薬味をおつゆに入れてうどんを食べずに、かつ丼から。玉子はややハード系。おもしろいのはタマネギが入っているのに、さらに上から青ネギがかかっていること。シャリシャリしておいしいし、見た目もきれいだ。カツは結構しっかりしていて、タレもオーソドックスな関東風。おいしい。続けてうどんに。これは杵屋得意のつるつるシコシコのうどんで、もりもり食べ進み、幸せな気持ちとなったのだった。

（２０１３年９月）

千葉その2　津田沼
「とんかつ　うえだ」でビールセット（串カツ）

9月なのに、昼間がわりと暑かった夕方。津田沼で用事が終わった。なおかつ今日は自宅で食事が用意されている。非常に珍しく条件がそろい、とても生ビールが飲みたくなった。あまり飲まない私にとっては、珍しいことだ。そういえば、パルコの六階のとんかつ「うえだ」でビールセットがあったことを思い出した。ちょっと行ってみようと、パルコに入り、エレベーターに乗る。「とんかつ　うえだ」があり、表で確認すると、ビールセット（中ジョッキ＋一品）740円がある。この一品はA串カツ、Bシューマイ、C鳥唐揚げ、D刺身、Eギョーザ、F奴から選ぶ。これはやはり串カツでしょうと思いつつ、入店。

入口でお兄さんに「飲むだけでもいい？」と私的にはものすごく珍しいことを聞くと「どうぞ、どうぞ！」ということだったので入店。土曜の夕方で店内はまあまあ混んでいたが、入口そばのテーブル席が空いていたのでそこに座り注文。ちなみに生ビール

大人な組み合わせ

は単体で６３０円なのでこのセットはとても安い。注文後すごい早さで生ビールが出てくる。反射的に飲みたくなるが、私は酒が弱く、「おかず」、もとい「つまみ」がないとすぐ酔っぱらってしまうのでしばし我慢する。それにしても、目の前にひえひえのビールがあり、「おあずけ」なのは結構つらいなあ。ちなみに、この店は定食をランチ以外の時間に食べても安く、ヒレ一口かつ定食９５０円、おろしとんかつ定食１０５０円という感じ。

……かくして、ようやく登場。キャベツもついていてこれはいい！　さっそくレモンを絞り、ソースをかけて（キャベツには柚子ドレッシングをかけて）、辛子をつけて食べる。サクサクサクサク。衣は揚げたてで軽やか、肉はしっかりという最高のカツ。カツのさわやかな油分をすかさず、生ビールで洗い流す。ぷはー。こりゃ幸せだよ。私も大人になったなと思いつつ、串カツを食べ進むと、カツは肉ゾーンが終わり、タマネギゾーンとなった。そこでまたビールを飲む。やはりうまい、キャベツも食べよう、シャキシャキ……と繰り返していると、なんのことはない、ご飯がビールと代わっただけで、ふだんの食事パターンと同じだったわけだった。

ということはつまみなしにビールや酒だけ飲むのは、私的にはおかずなしに丼飯だけ食べ進めるのと同じわけだと思いつつ、またビールを飲んだのだった。

（2013年9月）

東京で地方のとんかつ編

名古屋味噌カツその1　渋谷
「奥三河」で味噌カツ定食

地方カツの中でも東京で市民権を得ているのが味噌カツ。名古屋発祥の味噌カツは東京でも、「矢場とん」のように銀座に進出を果たしているようなケースもある。矢場とんはさすがにおいし

おかず力あふれる味噌カツ！

いが、今回はより街に根付いた味噌カツの店と立ちそばでも出てくる味噌カツを紹介する。最初は、街に根付いた味噌カツの店、「奥三河」である。ご主人が三河出身とのことだ。

さて、同店は恵比寿から山手線に沿ってテクテク歩いていく、私の「ケモノ道」の途中にある。途中まではあまり店がないが、渋谷が近くなると急に店が増えてくる。「仙台や」というステキな中華料理店の隣にある。渋谷界隈はなぜかカツの名店が多いが、ここもその一つだ。

さて、訪れたのは平日の14時前。店に入ると、まだまだ大勢のサラリーマンたちが遅いランチを食べている。人気のあるのがわかるなあ。カウンターに座る。とんかつ定食８５０円もあるが、ここはやはり味噌カツ定食９００円でいこう。注文すると、水とおしぼり、そして冷奴が出てくる。ぼんやりと待っていると、隣の席におかみさんの知り合いらしき女性が座って、世間話をしつつ、串カツ定食とビールを注文。昼間の注文でなかなかカッコいいなあと思っていると、味噌カツ定食登場。続いてお茶も出てくる。

まずおしぼりで顔を拭いて、味噌汁からいきましょう。これはネギとしじみ。濃さもちょうどよくとてもおいしい！　これは期待できるなと思いつつ、味噌カツにレモンを絞って食すことに。きちんとしたロースかつにみそがたっぷりかかっていて、おかず力爆発！　甘めの味噌ダレ、カリッとした衣、肉のパワーと、パーフェクトにおいしい要素がそろっている！　果てしなくご飯を食べ進められそうだったけど、ここはお代わり自由ではなく、半ライス100円、ライス200円。なので、ある意味食べ放題よりは「歯止め」がある。もちろん、歯止めがないのはステキだけど、このように別料金だと、最初からご飯とおかずの関係で配分を取ることができ、さらに食べ放題の唯一の弱点である「午後に食べすぎて苦しい・もしくは眠くなる」がなくなるので、その意味ではとてもいいと思う。もっともそう思えるようになったのは、自分がかつてのように「大盛り丼三杯！」とか食べられなくなったからかもしれない。

そんなことを思いつつ、やはりご飯が足りなくなったので半ライスをもらったのであった（笑）。

（２０１２年８月）

名古屋味噌カツその２「渋そば」で味噌カツ丼そばセット

いつも通過する東急東横線の菊名駅。改札内にあるのが「渋そば」。時折ステキな限定メニューがあるが、今回見かけたのが味噌カツ丼。そばとセットで５５０円。こりゃいいやと食べていくこととする。店内に入ったのは平日の15時過ぎ。前述の通り、改札内にあるので、ちょっとした時間で食べられるのがいいね。

まず券売機でチケットを買い、カウンターでおばさんに渡して、「そばで冷たいので」とお願いする。すると店の奥でかつ丼とそばがつくられ、おばさんのところまで運ばれて、私に渡してくれる。ついでにそば湯もいただいていこう。ということで、お盆をもってテーブル席に着席。ここは座る席もあり、店内も綺麗なので女性客も多いのだった。

ではまずかつ丼から。キャベツが敷かれ、小さめのカツに味噌だれがかかっている。食べ

そばもおいしい！

るとカツは揚げおきだけど、ご飯は熱々で甘いタレとカツの頼もしさでとてもおいしい。カツも予想以上に肉が厚くていいね。途中、そばも食べよう。いつもの細麺で、コシがやや強めですね。ネギ、ワカメ、ワサビがついたぶっかけ状態になっているのでぐるぐるかき回して食べる。おお、さっぱり。ちょっと気分が変わり、ふたたびかつ丼に向かう気持ちが高まったのであった。

（２０１３年５月）

神保町で「新潟カツ丼　タレカツ」

神保町に新潟のかつ丼の店ができていると聞いた。ＪＲ水道橋駅から続く白山通りの一本奥に入ったところにある。平日の12時30分。まさにランチタイムに訪れる。外観はなんだかオシャレな雰囲気。引き戸を開けて入ると、やはりシックな店内。ほぼカウンターだけ。「ど

うな丼的カツ丼！

こでもどうぞ～」ということだったので一番奥のカウンターに座る。

ランチは15時30分までと遅く、カツ丼セットかエビフライのついた合盛丼セットで各７９０円。よし、カツ丼セットで７９０円でいってみよう。麦茶をくれたお兄さんに注文。机の上には山椒、七味、辛子とともに「壺」がある。何かと思って開けてみると、中にはショウガの甘酢が入っていた。「へえ、いっしょに食べるのかな」とか考えていると、カツ丼セット登場。こりゃ充実しているな。味噌汁、キャベツの浅漬け、サラダがついている。

まずは味噌汁から。フタを取っていただく。小さい豆腐、ネギ、ワカメ、やや甘い。なんだか豚汁的な「甘いうまい」だ。

続けてメインのカツ丼に。丼の上にドーンとカツが三枚載っている。まずカツをかじる。薄いカツだ。魚沼直送の和豚、もちぶたをラードで揚げているそうだ。サクリ。これはクリスピーでとても香ばしい。そしてタレの味がしっかりしている。ソースではなくて甘めのタレ。この感じ……、ソースカツ丼の酸味とは違う……。はて、どこかで食べたなと思いつつ、やはりタレのしみたご飯を食べ、目の前をみると山椒が置かれていた。……わかった！　うな丼だ！　うな丼ならば山椒がいいだろうとふりふりしてショウガももらう。食べると俄然味が引き締まる。カツの合間に食べるショウガもすばらしいアクセント。「こりゃおいしいわ」と二枚目のカツをかじったのだった。

（2013年9月）

「よってがんしょ銀座店」で会津・ソースカツ丼

ということで、続いて福島・会津のソースカツ丼にチャレンジしたい。銀座六丁目にある「よってがんしょ」だな。ここは会津の居酒屋でソースカツ丼が食べられるそうだ。

かくして、平日の13時に訪れる。ここはランチは14時までなのだった。店は地下鉄の銀座

なんとカツ２枚！

駅から歩いて数分。

　店を訪れると地下に案内される。私以外に客はいないな。ランチはそば系と定食系が充実している。定食に「おろしポン酢カツ定食」900円があり、とても気になるが初志貫徹でソースカツ丼に。これはランチではなくて、レギュラーで1000円。注文して机の上にあるセルフの水を自分でくんで飲みつつしばし待つ。しばらくすると遅いランチのサラリーマンが二名やってきて隣のテーブルに座った。……まあ、ゆっくり食べられるというところでいい店なんでしょうね。実際、サラリーマンはなんだか話し込んでいる。

　そんな様子を見ていると、ソースカツ丼登場。こりゃ、デカいな。1000円だと安いかもしれない。ひじきの煮物とキュウリ、大根の浅漬けがついている。まずは味噌汁。赤だし。ネギとワカメ入り。濃いけどとてもおいしい。続けてカツ丼。デカいだけではなく、なんと二枚。これでもかと載っている。さらにカツの上にはどっぷりとソースがかかり、ゴマもかかっている。食べると衣は厚い系。油ギッシュで、ソースの強い酸味。若いときに食べる味だな。キャベツのサクサクとご飯のおいしさが油ギッシュなカツを受け止めている。米の量の多さは全然大丈夫だけど、この油ギッシュなカツはちょっと手に負えないかもと心配しつつ、浅漬けを食べるとピリリとおいしい。口直しにステキ。さらにひじきも食べよう。これ丁寧な味ですばらしい。

かくしてなんとかカツ一枚食べ終える。映画『ブレードランナー』の冒頭の露店のおっさんの「二つで十分ですよ」じゃなくて「一つで十分ですよ」だわ、こりゃ。ということで、おいしくてもったいないけど、二枚目はそっと衣をはいで中の肉だけを食べたのであった。

……ああ、なんだか20代の自分にしかられそうだよ（笑）。

（追記）聞くと会津では食べきれないので、客は往々にビニールに入れて持って帰るそうだ。

（2013年9月）

東京・こんなところでとんかつ編

学芸大学「王将」でとんかつ定食！

わりと「王将」に関してはヘビーユーザーで、週に一度は餃子と組み合わせてチャーハンや焼きそばを食べている。餃子おいしいよなあ。中でもよく行くのが東急東横線の学芸大学駅近くにある王将。

今回もチャーハンでも食べようかなと訪れると、なんととんかつがあった（限定メニューだったようだ）。驚いて、これはぜひとも食べねばと思い、とんかつランチを食べることとしよう。Bランチで550円、餃子つきで750円。今日は餃子はいいだろうと思い、Bで注文。出てきた王将のロゴの入ったコップで水を飲みつつ待っていると、まずは味噌汁と冷奴、そして揚がったばかりの（目の前で揚げていた）とんかつとご飯が登場。とんかつはスティックみたいになっていて、とてもユニークな形態。

スティック型とんかつ

もともと王将の卓上にはソースはないので、袋入りのソースとレモンがついている。
まずは味噌汁から。ワカメ、ネギ、麸の具で、お湯を入れてつくったタイプらしいが、わりとおいしい。続けて、とんかつにソースをかけてレモンをしぼって食べる。アチチ。カリカリに揚がっていて、肉には塩味がついている。肉々しい歯ごたえがあり、とてもクリスピーに揚がっている。これはおかずとして最高だ。それにしても、隣の客が餃子を食べていて、なんともおいしそうだ。やはり王将にきて餃子を食べないのは失敗だったなあと思いつつ、冷奴を食べたのであった。

（2012年8月）

「ジョナサン」でひれかつ御膳

休日、家族で食事をしようということになり、こういうときはやはりファミリーレストラン。ということで、私の住んでいる町田の「ジョナサン」を訪れる。ジョナサンは定食メニューも充実しているのだ。見ると「厚切りやわらかひれかつ御膳」１２４９円というのがある。これを食べてみよう。ドリンクバーのクーポンがあったので、それも注文して、食事前なので、炭酸飲料でない冷たいお茶などを飲んでいると、ひれかつ御膳登場。これは立派だ。青菜の漬物、ソース、そして大根おろしもついている。ヒレかつは金属の網の上に載っていて、なんとも本格的。

ではまずはフタを取って味噌汁からいただこう。ワ

かなりおいしい。ファミレスのヒレカツはすばらしいですね

カメの味噌汁でこれはオーソドックス。続けてカツに行ってみよう。最初はソースで食べよう。あっ、辛子も少しついているね。食べると、驚きのサクサク感と肉厚のカツの頼もしい食べ応え。ご飯の炊き加減もいいし、キャベツやご飯のお代わりはできないけれど、これで1249円なら、とても満足いけるボリュームだと納得。

また、結構いっぱいついている千切りキャベツ以外に、レモンと並んでトマトとブロッコリーが添えられているのがなんともファミレス的だなと思いつつ、食べ応えのあるヒレかつをかじったのだった。

（2013年9月）

尾山台「丸長」でロースとんかつ定食

以前から行ってみたかった東急大井町線の尾山台駅前にある定食屋、「丸長」。11時20分くらいに通りかかるとまだ準備中だった。店をのぞいて「まだですよね？」と聞いたら「いいですよ」とのこと。ありがたく入店。店の奥のテーブルに座り、店内に貼られた日替わりメニューを見

切り干し大根もうれしい

る。ロースカツ定食が切り干し大根がついて７００円。いいねえ。こうやって、定食屋でなんとなく食べるカツもいいものだ。注文して出てきた温かいお茶を飲みつつ店内のテレビを見ていると、大勢の客がまさに「ドドド」と入ってきた。ほとんど地元らしいおっさんとおばさんで、この店が深く愛されているのがよくわかる。

しばし待った後に定食登場。おお、いいねえ。まずは味噌汁。ワカメ、タマネギ、豆腐。タマネギの甘みが実にいい。おいしい。続けてとんかつに。ソースをだらりとかけて辛子をつけて食べる。サクサクとよく揚がったとんかつ。ロースだけど脂身があんまりなくて私的には好きだな。

続けて切り干し大根。人参や切り昆布が入っていて、これはおいしい。こういう惣菜は家で食べるより外で食べるとおいしいのはなぜだろう、と思いつつご飯を食べる。……ご飯がべらぼうにおいしい。すべてがナイスだ。こういう定食は毎日食べたいものだと思いつつ、白菜の漬物を食べたのであった（ツボ漬けもついています）。

（2012年11月）

横浜とカツ

大学入学で上京して以来、横浜に長らく住んでいたので、横浜のカツにはとても慣れ親しんでいる。横浜でカツといえば、「勝烈庵」だろう。ただわりと高価な店だったので大学時代は行ったことはなかった。〝初勝烈庵〟は、大学を出て社会に出たときだ。勤めているオフィスでイベントがあると、よく勝烈庵の弁当が出た。上大岡によくいったので、当時あった三越の包み紙にくるまった弁当だった。カツやエビフライとキャベツ、ご飯くらいのシンプルな弁当だったが、これが猛烈においしくて、イベントの楽しみだった。自分のお金で店で食べたのはずいぶん後になってからだ。

神奈川新聞で連載している「かながわ定食紀行」で紹介しているのでここではあえて書かないけれど、ものすごくうまいことは確かです。今となってはそんなに高いわけではありません。なお、上大岡や井土ヶ谷にある「さくらい」というとんかつ屋も横浜、特に横浜南部人に愛されています。こちらのほうが全体的に値段はより親しみやすいですかね。

さて、ここでは横浜の名店だと思う、「かつ半」と持ち帰りの「尾島商店」を紹介しよう。

横浜その1「かつ半」（伊勢佐木店）

丸いお重がかわいい

私のとんかつ人生の中で大きなウエイトを占めているのが、横浜の伊勢佐木にある「かつ半」だ。お金に余裕ができたときは、この「かつ半」でよくとんかつ定食を食べた。またこの店にはかつて二階に座敷があって、友達ととんかつ宴会をやることもあった。ということで、久々に「かつ半」を訪れよう。

祝日だけどやっていて、偉いね。野毛に姉妹店があり、

若干メニューが違うね。かくして入店して二人席に座る。何を食べようかと思ったが、かつ丼でいってみよう。ここは味噌汁が100円で別なのだ。野毛は味噌汁がついているので微妙に違うな。注文した後、おいしいお茶を飲みつつしばし待つ。店内は老夫婦やおじさん二人組とかでやはり横浜人に愛されているね。ちなみに、ここはとんかつなど単品に250円を足して定食にするシステムなのだ。

……ちょっとお手洗いに行って帰ってくるとかつ丼登場。丸いお重に入っていて上品な感じ。漬物がついていてうれしいね。フタを開けるとふわっとかつ丼の甘い匂いが！　かつの玉子とじが全面に載っていて、すばらしい。さっそく食べよう。タマネギは細くて繊細な感じ。おつゆもたっぷり入っていて、やさしい味。カツもかりかり感が残りつつしっとりと煮込まれている感じで、ご飯もおいしい。ちょっと弱っているときにかつ丼はいいね。また、柴漬け、沢庵、大根のお新香もついているので、時々口の中を締め直すことができるのもいいなと思いつつ、柴漬けをボリボリとかじったのだった。

（2012年12月）

横浜その2「尾島商店」でロースカツ

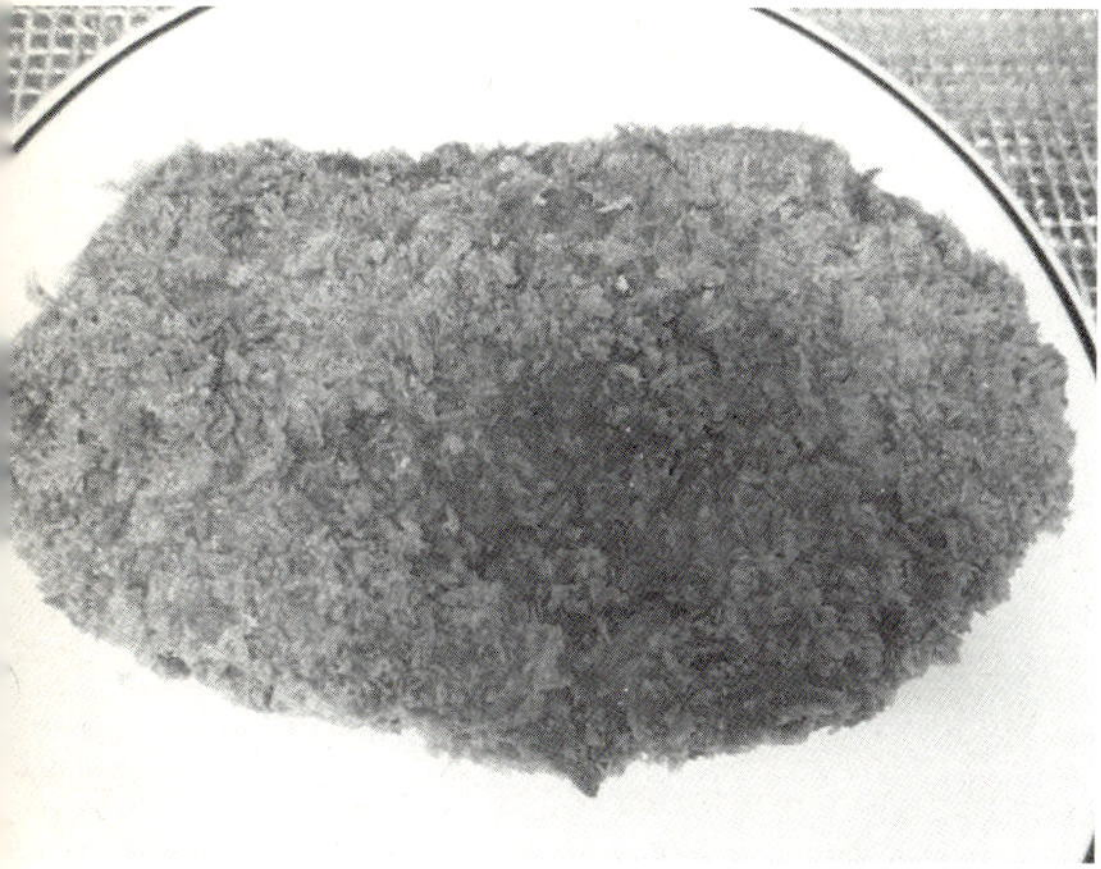

なんとも大きい！

桜木町から日ノ出町に歩いていく。ここは平戸桜木道路だが、横浜にぎわい座という寄席、ＪＲＡ、そして野毛山動物園というさまざまな人たちを楽しませるところにつながっている道なのだ。この通りには、前述したかつ半の野毛店もあるが、その手前にあるのが、「尾島商店」。ここのコロッケ、メンチ、そしてロースカツはとてもおいしいと聞いていた。持ち帰りの惣菜だが、買って帰ることとしよう。

店頭には巻揚げやらいろいろとおいしそうな

ものを売っている。チャーシューもおいしそうだ。でも初志貫徹でロースカツを買おう。一枚504円。持ち帰り惣菜としてはやや高いような気がするがまあいいか。気持ちのよいお兄さんがパックに入れ、袋に入れて渡してくれる。

家で開けてみると、これはとても大きなとんかつ。大きいだけではなく、分厚い。包丁でサクサクと切れた。肉もとても分厚いな。あったためて食べてみる。……驚いた。肉は厚いだけではなく、ウマい！　肉のうま味が濃く、元気になりそうだ。それ以上に特徴があるのが衣。やや厚めで「ザクザク」（サクサクではない）している。このザクザクが持ち帰りの特徴であり、レンジで温めなおしてもおいしさをキープしているんじゃないかね。いやあ、いいカツだ。今度はメンチを買ってみよう。

（2012年12月）

中央林間「とんかつ一代」でロースカツ定食

町田に住んでいるので、小田急江ノ島線にはしばしば乗ることとなる。江ノ島線の中でも相模大野～大和間にはいくつかとんかつの名店がある。

おなかが空いていて、栄養補給したいときはとんかつ定食！

鶴間には目黒のとんき系の「とんき」があるし、東急田園都市線に乗り換えることのできる中央林間には「おかむら」という、これまた名店がある。この二つの店に関しては、拙著『かながわ定食紀行　おかわり！』に掲載している。
　さて、そんなこんなでここで紹介するのが中央林間の駅ビルの中にある「とんかつ一代」。アクセスがいいので、ついつい入ってしまうのだった。今回訪問したのは土曜日。午前の用事が一つ終わって、田園都市線で渋谷に行かねばならず、おまけに午後の用事開始までそんなに時間がない。でも、おなかは空いていて、午後の用事のためにもしっかりと栄養補給をしていきたい。そんなときにこの店はとても便利なのだ。ご飯、味噌汁、キャベツもお代わりができるのもうれしい。

……駅ビルのエスカレーターを上がり、ちょっと奥にある店の外のメニューを見ると、なんと土日祝日ランチというのがあり、ロースカツ定食が１０５０円。これでいいやと入店。結構混んでいるなあ。とりあえず少しだけ空いていたテーブル席に座り、注文して机の上にあるポットからお茶をくんで飲んでいると、わりと早く、ロースカツ定食登場。このスピード感が、こういうときにはありがたいね。

まずは味噌汁を飲む。ここは生のりの味噌汁で、なかなか磯の香豊かでおいしい。続けてロースカツ。ソースをかけて辛子を塗って食べる。脂が強い系のロースカツには辛子がきくなあ。この店のカツは肉質・揚げ方ともにとてもオーソドックスだが、食べていると元気になってくる。勢いよく、ご飯とキャベツのお代わりを一回ずつもらい、満腹・満足して、店を後にする。中央林間は始発駅なので、渋谷まで少し眠れるなと思いつつ、改札を入ったのであった。

（２０１２年８月）

（追記）平日のサービスランチは８００円です。

西日本カツレポート

西日本にも豊潤なカツ文化がある。ここでは、まず神戸・大阪・京都の関西圏のカツ状況をレポートしよう。その後、関西の文化の影響を受けた、岡山、今治のお店を紹介する。

花隈「洋食の朝日」でビフカツ定食

阪急で高速鉄道に乗り入れ、花隈《はなくま》駅で降りる。なんだかひなびた雰囲気でいい感じの街だな。西口を出てタラタラ歩いていると八個で２２０円と、とてもリーズナブルなたこ焼きの店や角打《かくう》ちらしい酒屋などがあって、なんともなじみやすい。そんな街を見つつもう少し歩くと「洋食の朝日」がある。今日はここでビフカツ定食を食べるのだ。やはり関西でカツというと、ビフカツなのだろうが、最近はとんかつ勢力も結構さかんなのだった。

さて、平日の13時ちょっと過ぎだが、結構混んでいたので、入口で待つことに。お姉さん

が出てきて、「あんまり待ちませんから」とステキな笑顔。こりゃイイ店だ。たしかに数分待つと近くの大学生らしいお嬢さんたちと相席に。ビフカツ定食1300円を注文。メニューを見るとご飯お代わり自由とある。こりゃイイ店だ。

机の上には、お茶のポットと沢庵の壺があり、ご飯の友にとても頼もしい。さらにメニューを見るとブタ天ぷら、小エビ天ぷらとか結構気になるものがあるなあと考えていると、ビフカツ登場。「ご飯お代わりどうぞ、沢庵もどうぞ」と優しいお姉さん。うれしいなあ。

さて、まずは味噌汁。ネギとワカメと麩の具でダシがよくきいていて、誠実な味。続けてビフカツに。中のお肉がほんのり赤くて、みっちり厚い牛肉を揚げたカツ！　ごちそう感がものすごく漂っているなあ。デミグラソースもかかっているのでこのまま食べよう。……おお、これはものすごく柔らかい。嚙みしめると脂身のない肉だけの安心感があるなあ。私は大人となった今は脂身も好きになったけど、子どものときはキツくて食べられなかったんだよね。それにしても、これはおいしい。肉を食べている頼もしさと、柔らかめのご飯が最高の組み合わせだ。

さらに付け合わせのポテトサラダを食べるとこれもスゴい。中に入っている玉子の優しい味が口の中に広がるよ。まったく手抜きのない洋食屋だ。ご飯と一緒に食べる大ぶりの沢庵もバリバリ食べて実においしい。

これはもう、お代わりをしないとあきませんな。ということで、「すみません、お代わりください」と先ほどのお姉さんに頼んだのだった。

（2012年6月）

神戸
「グリル一平」でシーフードフライ・ライス付

古本屋をいくつか見た後に、ふらふらと元町まで歩いてきた。この街なら洋食を食べようと思い、「SO－HEY」という店を訪ねたが定休日。残念。もう一つの気になっていた「グリル一平」にいこう。ドアを開ける。平日の18時過ぎなので比較的空いている。二人掛けの席に案内される。夜なのでランチはなさそうで、単品の注文かなと思い、オムライスも有名だからそうしようかなと、壁をふと見ると、シーフード・ライス付1000円の文字が。こりゃいい。まあ肉のカツではないが、たまにはフライという変化球もいいだろうとこれを注文。
店内には女性同士の客が二組いて、ビールなどを飲みつつカツ系メニューを食べている。

天にも昇るおいしさ

いい感じだ。そんな姿を見ているとシーフードフライ登場。これはなんとも美しい。横長の丸皿にレモン絞り器。イカフライ、エビフライ2尾、魚フライ、そしてトマト、マカロニ、ポテサラ、キャベツ、パセリなどが勢ぞろい。

　ではまず、レモンをしぼり、すべてのフライにかける。最初はソースのかかっているイカフライから。……これはとても柔らかいイカ。薄めかつサクリとした衣。深みがあり、酸味のあるソース。どれも完璧すぎる。イカ好きの私としては天にものぼるほどのおいしさでよかった～。続けて、魚フライに。タルタルソースがエビと魚の双方にかかっている。タルタルもおいしいけど、魚もしっとり衣はサクサクでたまりません。それぞれ素材もいいけど、揚げることでさらにおいしくなっているな。……この分だとエビも……と思って食べるとやや小ぶりながらもプリプリ具合は天下一品。いやはや、これは天下一品のシーフードフライだよ。中でもイカがやはり一番好きだな。もったいないので、二切れあるうちの一切れは一番最後に大事に食べようと思ったのだった。

（2012年10月）

大阪その1
「明治軒」でオムライス&牛串カツ三本セット

心斎橋にふらふらとやってきた。大阪でカツと言えば、串カツ！　串カツを食べたいなあと思いつつ歩いていたら、老舗の「明治軒」で串カツ（牛）とオムライスのセットが食べられるじゃないか！　ということで、心斎橋筋をひょいと横に折れたところにある「明治軒」に入ることにする。

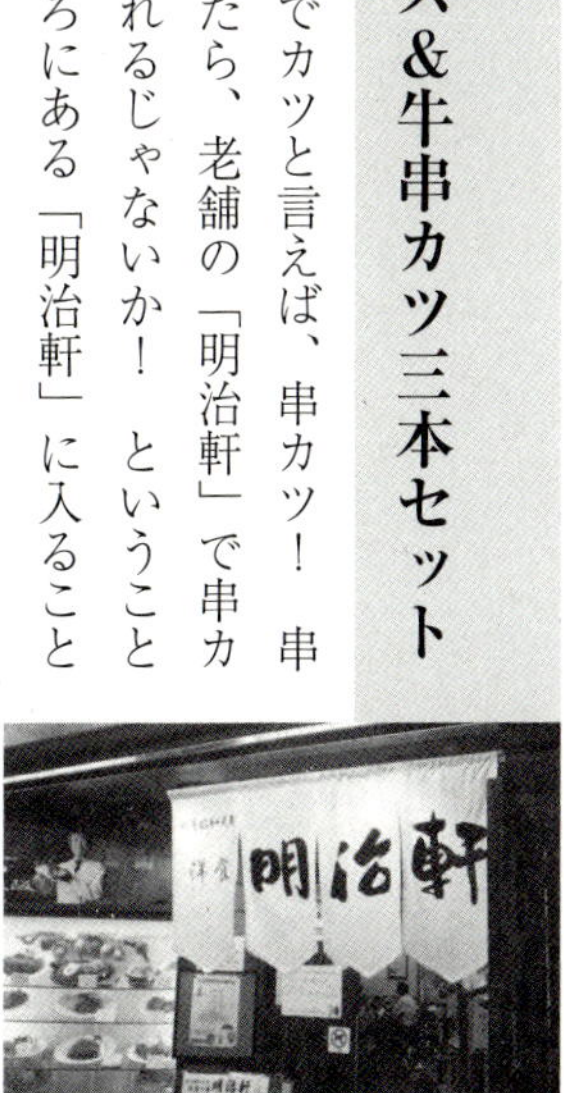

中に入ると、おお、繁盛しているな、客でいっぱいだ。一人なのでカウンターに案内される。カバンを抱えたまま着席すると、冷たい水とメニューが出てきた。メニューを眺めて

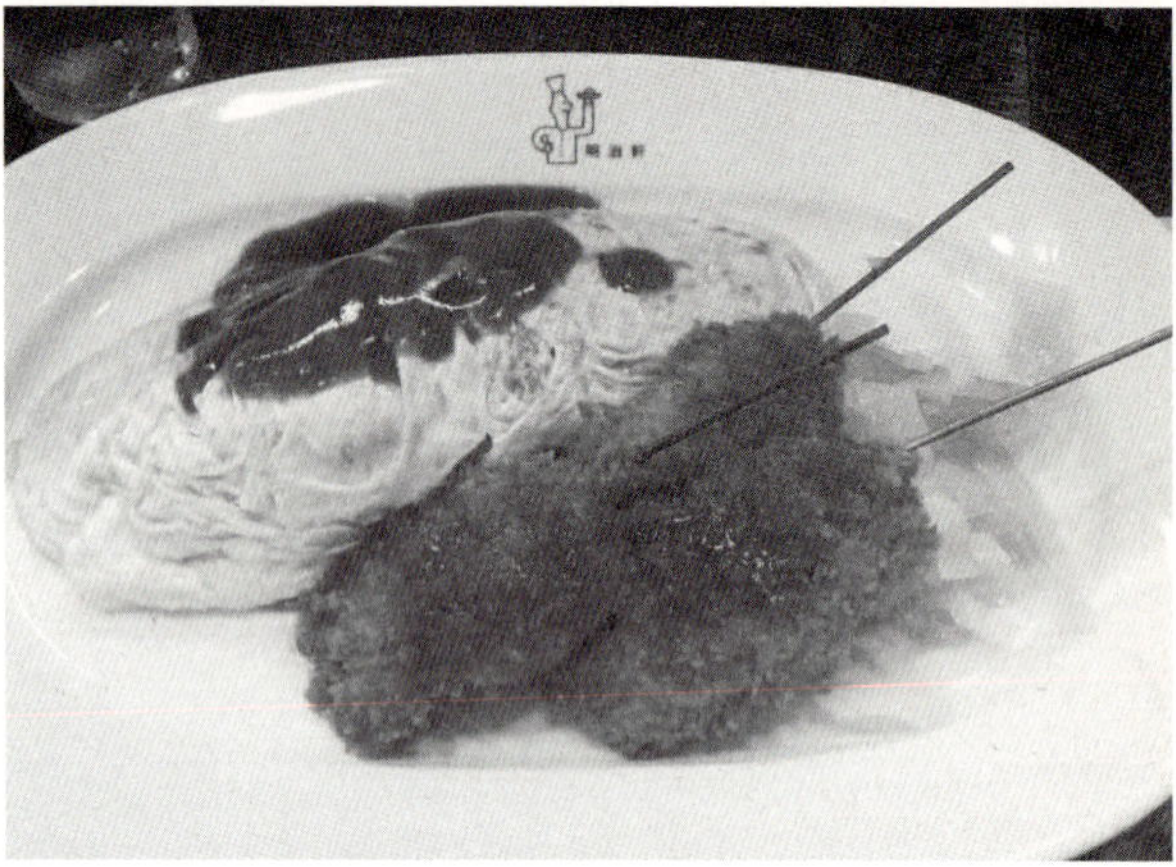
なかなか贅沢な組み合わせ

いると、「これもどうぞ」とお兄さんがカバン入れをもってきてくれた。エラい店だなあ。さて、メニューに戻ると、ここはオムライスをベースにして、いろんな組み合わせがあるようだ。エビフライセット、チキンカツセットなどがある。串カツ五本セットは1150円と三本セットの950円がある。さほどおなかが空いていないので、950円のさらにミニサイズでいいや。100円引きにしてくれて850円。

かくして注文して待っていると、結構おっさんがふらりと一人で入ってきてカウンターに座る。店の人も「毎度!」と言っているので常連なのだろう。私の実家も商売をやっていて、親父が客に「毎度!」と言っていたので、懐かしく聞いていると、セット登場。たしかにオムライスは小ぶりだが、とてもおいしそう！　オムライスには特製ソースがかかり、串カツ三本には茹でキャベツも添えられている。

ではまず串カツから。これはなかなか軽やかでおいしい。ちょいとビールがほしくなる味だよ。続けてオムライス。ふわふわ玉子で、中に具はない。それでも味わいは深い。後でわかったが、牛肉ミンチ、タマネギなどがペースト状になって入っているそうだ。具がないと思ったら、それはただ目に見えないだけで存在しているという、まるで忍者のようなオムライスだよ。恐るべし明治軒。

続いて、串カツの下に敷いてある茹でキャベツを食べる。キャベツがさらに、このセットの洋食的雰囲気と栄養バランスを整えていると思いつつ、キャベツをかじったのであった。

（2012年6月）

大阪その2「だるま」でいろいろ串カツ

大阪駅があれよあれよという間に恐ろしく巨大なビルとなり、三越伊勢丹やら、新しいファッションビルなどができあがった。そのファッシ

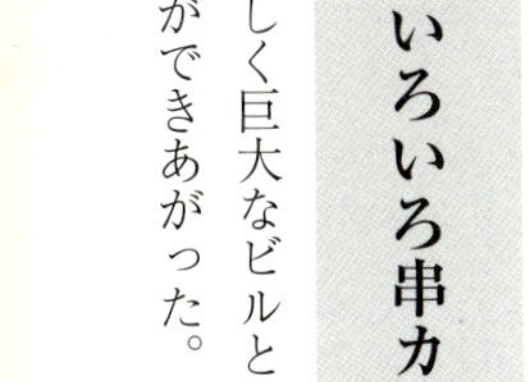

ヨンビル、ルクアの10階がレストラン街となっている。三越伊勢丹のほうがやや高級な店で、こちらのほうが庶民的な感じか。大阪で庶民的な食べ物ということならば、お好み焼き、たこ焼きなどのコナモノが思い浮かぶが、同様に串カツも該当する。串カツは間違いなくカツが草創期に枝分かれしてできたものだ。とりあえず食べたくなったので「だるま」に入店することにしよう。

食べ放題のキャベツとソースがやってくる。キャベツもうまい

訪れたのが1月2日の夜だったせいもあって、世の中の店がまだあまりやっていないから、ものすごく混んでいる。店の外の行列に並ぶ。ただ串カツは回転がよいようで、スルスル列は進み、わりと早く店内に入ることができた。家族できていたので、基本の串カツと豚カツを四本ずついってみよう。ここは大体120円（少しだけ高いものもあるが）。私はイカが好きなので、イカとレンコン、そしてナスも頼もう。本来はビールを飲みたいが、

あまり強くないのと、家族をホテルまで連れて帰らねばならないので、ノンアルコールビールを頼もう。

かくして、机の上にソースとキャベツが置かれる。このキャベツはソースにつけて食べるが、食べ放題ということと、カツにキャベツという組み合わせがやはり洋食だよなと思いつつポリポリとキャベツを食べる。そのうちに、金属のトレイに入ったカツたちが登場。

さっそく串カツから食べる。串カツと言いつつ、とんかつ屋の串カツのようにネギは挟まっておらず、肉だけ。ただ、関西で単に「肉」と言えば、それは牛肉のことだ。肉はそんなに大きくはないが、揚げたてサクサクのカツ。肉のうま味が衣にしみていて、なおかつソースのさっぱりさが混じりあって絶妙のおいしさ。

続けて豚カツ。これも細い肉で豚らしい力強さがあるが、基本はサクサクで油っぽくない。おいしいなあ。これでご飯があれば串カツ定食となるが、大阪串カツは基本的には酒のアテ（つまみ）なので、とりあえずワシワシと串カツを食べ続けるのであった。ああ、肉以外の串カツもおいしい。さつまいも、カボチャはほくほく、ナスは柔らかく、イカはプリプリしていて、実に幸せなのだった。

（2013年1月）

大阪その3「とんかつ　がんこ」で弁当を買う

　大阪の大フードチェーンがんこ。「とんかつ　がんこ」というカツに特化した店も展開している。最近大阪駅の桜橋口にできた梅三《うめさん》小路に店があった。ここはとんかつ定食のほかに持ち帰り弁当もやっている。ロースカツ弁当780円とかだが、他にもサービス弁当500円が安くていい。

これ、かなりいい弁当だよ

一口カツ、コロッケと日替わりの一品だそうだ。これにしよう。注文すると、おやっさんが「ご飯大盛りにしますか?」と聞いてくれる。タダだそうなのでそうしてもらい、500円払って持ち帰る。

　今回は帰京する途中に食べようと思ったので新幹線の中で弁当を開ける。おお、日替わりはアジフライだった。まずはソースをフライにかける。ソースもがんこ製というと

ころがすごい。さあ食べようとすると、隣に座っていた子どもたちがカツとコロッケをもっていってしまい、「おいしいおいしい」と食べてしまった。あらら。やむなく、残ったキャベツを食べ、アジフライを食べる。これがびっくり。まったく生ぐささのないアジフライ。魚のうま味がよく出ているなあ。さすが、寿司がメインのがんこ。魚系は強いのだなとつくづく実感したのだった。

今度はカツも食べよう（笑）。

（２０１３年１月）

京都「おもの里」でチーズチキンカツ定食（日替わり）

京都にやってきた。ここでもカツを食べたいものだ。京都でカツ系を食べるとすれば、河原町界隈でお座敷洋食など高めの洋食を食べるか、百万遍《ひゃくまんべん》あたりで学生洋食を食べるかという選択になる。

お座敷洋食よりは学生洋食のほうに強い親近感を感じるので、やはり京都大学のあたりで食べよう。学生洋食の王者、「ハイライト」でチキ

充実のうどん付定食

ンカツ定食を食べようかなと思って、京都大学のあたりで古書を買った後に店を訪れるとなんと今日は休み。ガーン！　ショック。すっかりハイライトモードになっていたのにどうしてくれるんだと呆然としつつ、今出川の同志社大学のほうに歩いていく。

すると「おもの里」といううどん屋があり、とても定食が充実している。表のメニューを見ると、日替わり定食がチーズチキンカツじゃないか！　７５０円でうどん付！　うどん付定食は関西でよく見かける。よしここで食べていこうと入店。16時過ぎという中途半端な時間だったので、結構空いている。カップルが食事しているくらいだ。テーブル席に座り、水とおしぼりをもってきてくれたお姉さんに注文。うどんは冷たくしてもらう。どうやら、カップルは同志社大の卒業生で、久々にこの店に食べにきたようだ。店内にいた店の子どもに「大きくなったな～」とか話しかけていて、とてもなごやかな雰囲気。いい感じだ。とか思っていると定食登場。なんという充実ぶり。チーズチキンカツ、小鉢も「春雨サラダ」と「ひじき」と二つ付いているよ。

うどんは後で食べるとしてまずはチーズチキンカツ。トマトソースがかかっている。食べるとからりと揚がっていて、実にいい。ササミの肉にチーズがトロリと入っていて、トマトソースの酸味と相俟《あいま》ってとてもおいしい。キャベツ、レタスのサラダとマカロニサラダもついていていて栄養のバランスもいい。ご飯にゆかりがかかっているのもステキ。バクバク食べ進み、あとはうどんを残すのみ。うどんは柔らかめで、甘めの冷たいタレにわさびがきいていて実においしい。コシのあるさぬきうどんでないところが、かえってうれしいと思った京都の夕方であった。

（2012年10月）

岡山の「ドミカツ丼」

岡山には、当地の名物としてドミカツ丼がある。これはかつ丼にドミグラス（デミグラス）ソースがかかったもので、濃厚な味で、やや名古屋の味噌カツに近い。グリーンピースが載っているのもポイント。私は「味司《あじつかさ》　野村」で食したことがある。ロースが７５０円、ヒレが８５０円、さらにロースならばボリュームの少ない子カツ丼６５０円、さらに小さい孫カツ丼５５０円もあり、気配りがきいている。逆に、上カツ丼（ロース）１１００円もある。

また、店には普通のかつ丼もあり、それは玉子とじカツ丼とこの店では呼ばれる。ロースカツの玉子とじカツ丼は７５０円。ちなみに詳しい記録は拙著『丼大好き』に記した。未食だが、「食堂やまと」（中華そばも有名）も、ドミグラス（デミグラス）ソースのかつ丼が人

かつて岡山の「味司野村」で食べたドミグラスソースのカツ丼

気だそうだ。

新幹線で四国の実家に帰るときは岡山で乗り換えるため、若干街でふらふらすることもあるが、この街は定食力もものすごく高くて、そちらの研究に走ってしまい、なかなかドミグラかつ丼の研究に入れないのが残念だ。

今治「大潮荘」でエビフライ御膳

いつどこでフライやカツに出会うかわからない。秋に一瞬実家に帰ったとき、せっかくだからということで、母親と妹が食事に行こうと言ってくれた。「どうせなら眺めのいいところに行こう」と。しまなみ街道（本州四国連絡橋）の入口にあたる、今治サイドの橋のたもとにある「大潮荘《だいちょうそう》」にいく。ここは瀬戸内の眺めがすごく

エビが新鮮！

いいんだよね。

料理は瀬戸内の刺身が中心。「何でも食べや」と母親がいうが、見るとなんとエビフライ御膳があるじゃないか。本書の執筆モードにあふれていたので、これを食べようと注文。エビフライはとんかつ屋でも見るメニューだが、こういう海鮮系の店でも出される「境界型」メニューだよね。1470円といい値段。まあ母親が払ったんだが。お茶と急須をもってきてくれたので、お茶をそそいで飲みつつしばし待つ。いやあ、それにしても瀬戸内の海を見ていると心が和むなあ。

かくして、御膳登場。さすがに豪華！　まずはお汁から。なんと鯛のアラのお吸い物。いいダシが出ていますね。続けてエビフライ。これはエビを開いて揚げている。エビはそのまま揚げるか開いて揚げるかで違いがあるよね。揚げ方は普通だが、エビが新鮮なのでものすごくおいしい。これだから、実家のあたりの食事はあなどれん。

エビフライを食べつつ、ご飯を食べるとなんと鯛めし。鯛の身をほぐして薄い醬油味で炊き込んだご飯。子どものときは淡泊すぎてあんまり好きじゃなかったが、大人になってあらためて食べるとものすごくおいしいのだった。

さらにキュウリとわかめの酢の物、湯葉の煮物もついている。特に酢の物がうれしい。食べると酢がややきつい。この酢がきつめなのが、実は今治的なのだと思いつつ、キュウリをボリボリ食べたのであった。

（2012年10月）

最終章

とんかつオブザワールド

とんかつ世界（主にアジア）進出小史

「ハワイ　みよし」

ハワイ

とんかつを巡るこの本もいよいよ最終章。ここでは世界、主にアジアに広がったとんかつの文化の歴史と現在を簡単に紹介しよう

とんかつの広がりを三つの時期にわけて考える

今や、寿司を代表格に日本食は世界に広がりを見せている。とんかつもまた、アジア、特に韓国や台湾などではよく見かける。このようなとんかつの世界進出にはちょっとした歴史がある。私は日本の定食文化が戦前、戦後を通じてアジアや世界にどう広がったかについては、ずっと調査・研究を続けている。すべてを記すと膨大な量となるので（いずれ書籍にまとめるが）、ここではとんかつ・洋食に関して少しまとめてみよう。大体三つの時期にわけることができる。

（1）大日本帝国の進展とともに広がる

明治以降の日本の歴史は、日本人が海外へ出ていく歴史でもあった。特に帝国主義のもと

に、中国大陸、朝鮮半島、アジア諸国と関係を深めていくと同時に、日本の食文化もかの地にもたらされた。中でも、日本が植民地とした台湾、朝鮮半島、そして日本によってつくられた満州国（つまり現在の中国東北部）、第一次世界大戦後に日本の信託統治領となった南洋諸島などには、色濃く日本のさまざまな食べ物がもたらされた。

それは個人経営の店舗のこともあったが、日本の資本の百貨店の大食堂やホテルを通じてのことも少なくはなかった。中でも、明治期に日本で独自の発達を遂げた百貨店では、日本と同様に多くの場合大食堂が最上階に設置されており、洋食などが食べられた。在留日本人はもちろん、現地の人々にも評判を得たようだ。たとえば、台湾には台北に菊元百貨店、台南にハヤシ百貨店、高雄に吉井百貨店と日本人経営の百貨店が戦前にあったが、いずれも高層階に食堂を設けている。朝鮮半島でも京城（ソウル）に日本人経営の三越百貨店、丁字屋《ちょうじや》百貨店、三中井《みなかい》百貨店、平田百貨店などがあった（山本武利・西沢保編『百貨店の文化史―日本の消費革命』）。

ちなみに、韓国では日本の料理が現地の料理として馴染んでいるが、とんかつは「トンカス」と呼ばれ親しまれている。『B級グルメが見た韓国　食文化探検』によると、一般に韓国ではトンカスは見た目はかなり大きいが、肉は紙のように薄かったそうだ。もともと日本で昭和初期に一般化したであろうとんかつは、上野など一部の名店を除き、普通の物は分厚くなかっただろうし、値段のわりに大きく見せる工夫がされたであろうから、とんかつ発祥期の伝統を継承していたとも言えるかもしれない。

また明治以降、日本はハワイ、南北アメリカなどに移民を行い、その活動を通じても日本の食文化はもたらされた。特に、日系人が多く住むハワイやブラジルでは今も日本食が現地で馴染んでいる。今回はその中でも、ハワイでのとんかつ事情をレポートしよう。

(2) 戦後、「経済大国」としての日本が広める

さて、1945年、太平洋戦争で日本は敗北を喫し、朝鮮半島、台湾などの植民地を失い、連合国軍（アメリカ）に占領された。その後51年のサンフランシスコ講和条約によって、占領は解除されふたたび独立国となった。また時を前後して、日本は50年からの朝鮮戦争の特需により経済が息を吹き返し、独立とともに、ふたたび海外への進出を図るようになった。ただし、今度は領土的拡張ではなく、経済活動としての海外展開であった。

その海外とは、戦前から関係の深い台湾、香港、そして東南アジア諸国であった。それら

の国では戦前から日本食に親しんでいる伝統があったが、新たに日本人がやってきて、あらためて日本食が持ち込まれた。たとえば、現在、香港では、インスタントラーメンなら「出前一丁」が圧倒的な人気を誇るが、これは68年に出前一丁が発売された翌年からの、営業マンたちの涙ぐましい努力と、商品自体の質の高さで定着していったのだった。ちょうど、高度経済成長時代以降の日本の製品は高品質で人気が高かったために信用されたということもある。

さて、戦後二十年あまりを経た70年前後からアジアを中心として日本の百貨店（デパート）が出店していった。三越、伊勢丹などである。それと同時に日本食を提供する食堂やフードコートが設置されたり、食品売り場に日本食が置かれることもあった。その場合、日本食のレパートリーとしてとんかつなども供されたのであった。

なお、黒田勝弘『韓国を食べる』によると、70年代後半にはソウルに「キョンヤンシク」という看板の店が多かったそうだ。これは「軽洋食」の意味で、喫茶店でもあり、レストランでもあり、ビアホールでもあったそうだ。ここでの二大食事メニューがとんかつとオムライス（実はオムライスも韓国で人気が高い）で、やはりとんかつは大きくて、肉は薄く衣は厚かったそうだ。最初からソースはかかり、ナイフとフォークで食べたそうだから、やはりとんかつ初期の伝統が生きていたのだ。

ところが80年代半ばには「軽洋食」は姿を消した。ただし、90年代後半以降、現代の日本的なとんかつがブームとなったそうだ。これは当時大人になった世代が、小学生の頃に弁当で冷凍食品としてのとんかつをよく食べていたため、味に馴染んだからであろうと黒田氏は推測している。第4章でも少し記したが、ふだんからその食べ物に慣れていると、よりおいしいものが食べたくなるものだが、まさにその法則がこの韓国のとんかつブームにもあてはまりそうだ。

(3) 企業の世界化によって広がる

80年代以降になると、日本の外食産業がアジアを中心に出店を開始する。台湾では動きが早く、82年にはファミリーレストランの「すかいらーく」が出店している。また「吉野家」も海外展開が90年前後から始まっていて、台湾は88年、香港では91年、中国で92年、韓国で96年に出店している(残念ながら98年に撤退)。

とんかつ関係では、香港で95年に「とん吉」(日本の飲料メーカー、ポッカコーポレーシヨンの海外飲食事業部門が展開するとんかつ屋）、09年に「とんかつ銀座梅林」、10年に「新宿さぼてん」、台湾では88年に「とんかつ知多家」、04年に「新宿さぼてん」、韓国では、01年に「新宿さぼてん」、10年に「和心とんかつ　あんず」などと、国内のとんかつ屋が続々と出店しているのだった。

これらのとんかつ屋は、本格的なとんかつ屋であるために、現地では日本式のとんかつ定食が広く受け入れられているのであろうことが推測される（国によって現地化されている違いはあるものの）。日本人、現地の人を問わず個人経営のとんかつ屋も各国で存在しているようだ。

また、とんかつ専門店でないにしても、最近アジアでの出店の目立つ「大戸屋」（ロースとんかつ定食など）や、カレーの「ＣｏＣｏ壱番屋」（ロースカツカレーは海外全地域で売れ筋だそうだ）、そして「麻布茶房」などの和風カフェでも、とんかつ関係のメニューを提供している（まさにとんかつ定食など）。広くアジアでとんかつは受け入れられているのだった。

米食と揚げもの（フライ）は、アジア全域で普遍的に好まれる食べ物だ。とんかつ定食はその要素を含んで出発してはいるものの、厚めの豚肉をさくりと揚げたとんかつ、ほかほかで柔らかく炊いたご飯、さわやかな千切りキャベツ、そしておいしいソース（これはアジアだけでなく世界的に好まれているようだが）などの組み合わせの妙で、とんかつ定食は、より多くの人に愛されるようになったのであろう。これはとんかつ好きにとってはとてもうれしいことだ。

おそらく、今後はもっととんかつ、およびとんかつ定食はより多くの人々に好まれていくことは間違いない。その証拠の一つとして、前述した海外展開している日本のとんかつ屋、とんかつを提供するチェーンは続々と店舗を増やしているようだ。今後のさらなるとんかつの発展を願いつつ本書を締めくくることとしよう。

なお、私自身も今後ずっととんかつ定食を食べ続けます。

コラム
column

ハワイでカツ

ハワイには、明治期から日本の移民が渡り、日系人がさまざまな艱難辛苦《かんなんしんく》を乗り越え、確固たる地位を築き、また日本文化も多く伝来した。たとえばオアフ島を中心に日本の神社仏閣がいくつも存在し、夏には「Bon Dance」を踊り、正月には「HATSUMODE」

を行う風習が根付いている。フシギなことに日系人以外もBon Danceに参加したり、HATSUMODEもローカル文化として定着しているのだった。

同様に、さまざまな日本食も現地に根付き、日系人以外にも愛されている。さらに、高度経済成長時代以降は日本から多くの観光客がやってくるようになったこともあり、最新の日本食も多く持ち込まれていて、豊潤な和食文化が栄えているのだった。

当然、とんかつ、そしてカツメニューをハワイ、たとえばホノルルの各所で食べることができる。ここでは二店舗ほど、カツ系メニューを紹介しよう。

その1「銀座梅林」（白木屋）でヒレカツサンド

ハワイにきた観光客が必ず訪れると言っても過言ではないのが、巨大ショッピングセンターのアラモアナセンター。ここには白木屋がある。日本の老舗の百貨店だが、日本はす

アラモアナの白木屋
の中はまさに「日本」

やや高いか

でになってしまい、ハワイだけで残っているというフシギなこととなっている。この白木屋の中には、フードコートがあり、たこ焼きや焼き鳥など日本の食べ物をいろいろと売っている。座って食べていると、まるで休日にイオンのフードコートで食べているような錯覚に陥るほど、とても正しい日本的なフードコートだ。

さて、ここに「銀座梅林」が出店していて、弁当などを売っている。店はワイキキにもあって、そちらではとても立派なとんかつ定食を食べられるようだ。今日はここでカツ系の食べ物を買っていこう。見るとヒレカツサンドを売っている。7・95ドル。まあ今の相場だと日本円で800円くらいで、日本で買うのとあまり変わらない。飲み物はちょうどペットボトルの水があるからいいや。

買った後、さっそくフードコートの椅子に座り、さあ食べよう。四切れ入っている。カツとパンのみのシンプルな感じ。やや辛めのソースとヒレ肉でまさにカツサンド。カツはややワイルドな揚げ方だが、ボリュームがあって、なかなかおいしいなと思いつつ、水を飲んだのであった。

（2013年3月）

その2「ハワイ　みよし」でチキンカツラーメン

カイルアタウンはホノルルから少し離れた郊外の街だが、オーガニック食品などを扱う大型スーパーのホールフーズなど楽しい店も多いので、わりと観光客もいるスポットである。ハワイも郊外に来ると、建物も低くてことさら空が青くて大きくなるな。

さて、この街には食べ物屋も多く、今回は子どもと一緒にラーメン屋に入ってみた。名前は「みよし」。店の外に立て看板があり、大体何が食べられるかわかるのがいい。どうやら、14時から17時は餃子がサービスされるようだ。

まあ、ナルトの主張がすごい

とりあえず店内に入る。おお、ちょっとおしゃれな店内。醤油ラーメン7・95ドルとチキンカツラーメン8・25ドルを注文する。意外にもハワイではとんかつ同様にチキンカツは大勢力となっている。カツカレーもメニューにあるけど、今日はラーメンにしたわけだ。「飲み物は?」と聞かれるが水でいいと答える。ハワイは水をタダでくれるので、とてもいいですね。

しばらく待っていると醤油ラーメン、チキンカツラーメン登場。醤油ラーメンはチャーシュー二枚、たっぷりのほうれん草、そしてネギが入っている。まずはスープ。これはすっきり醤油味で、普通においしいが、ネギが大味な青ネギ。ほうれん草がやたらに多いが、それ以外は東京醤油ラーメンという感じ。大きめのナルトが入っているのが、先祖伝来のラーメンの伝統を引き継いでいる感じがする。麺は普通の細麺。

一方、チキンカツラーメンは、チキンカツがドーンと載っている以外はナルトとネギだけ。カツは衣がやや厚いもののカリッと揚がっていて、うまい。いやあ、カツとラーメンは意外と合うなあ。餃子も中身ぎっしりのすてきな味でした。

（2012年8月）

とんかつと健康　あとがきにかえて

本書の企画を中公新書ラクレのKさんからいただいたのが2012年の5月。なんと本書ができるまでに足かけ2年もかかってしまい、気長に待っていただいたKさんには大変申し訳ないことをした。すみません。

ちなみに、本書のテーマ・とんかつは、体調を良い状態にしておかないと、おいしく食べられない食べ物であった。そのため、自分の健康状態と向き合わねばならなかった。しかし、2012年半ばの体調はあまりはかんばしくなかった。11年3月の東日本大震災とそれに続く原発事故で結構心理的なダメージを受けていたのだ。首都圏に住む私は、幸い物理的な被害や怪我を負ったわけではないが、家族や将来のことを考えると暗澹《あんたん》たる気持ちとなり、体調にも影響を受けていたのだ。実際、同年夏の健康診断では胃の再検査の結果が出てしまった。すぐ病院に行けと、レントゲン写真の入った大きな袋を渡されて途方に暮れつつ検査所を後にした。だが、そこまで悪いとどうも思えなかったのと日頃の忙しさに流され、なかなか病院には行けなかった。検査に行かないと行かないで「私は重病では？」との疑念がわきあがり、余計具合が悪くなっていく気がした。

かくして年が明けて12年となり、とんかつ本の依頼を受けた5月となった。また健康診断の季節が近くなった。やむなく覚悟を決めたが、最後かもしれないと家族でハワイに行き、帰国後すぐに健康診断に臨んだ。そしていよいよ内診。私の胃のレントゲンをじっと見る年輩のお医者さん。去年とは違う人だ。沈黙が続き、私は覚悟を決めた。かくしてレントゲンから顔を私に向けて、

「……あのね。去年の再検査の見立ては間違いでした」と告げたのだった。私は、ギャグマンガのように「ドテッ」とこけたくなったよ（笑）。

いずれにしてもドッと安心した。その後気分は爽快になったが、なぜか体調はすぐれない。さらに後日正式に健康診断の結果が出てきて、それを見ると胃はよいが、今度は糖尿の疑いがあるので検査しろとある。「今度はそっちの攻撃かい」とボヤきつつ、でも家系的には糖尿はいないんだがとも思いつつ、相変わらず検査には行かず、なんとかとんかつを食べ続けた。またしても不安を抱えつつである。

さらに年が改まって13年。3月に新たな危機が到来した。なんと下の前歯がぐらぐらし始めたのだ。あわてて歯医者にいくと、相当歯茎が弱っている、真剣にブラッシングしないと全部歯が抜けるよと告げられた。おいおい、歯が抜けてしまうととんかつはおろか、定食もおいしく食べられないと思い、歯医者の言うとおり食後の歯磨きと、歯のために食生活を大きく改めた。

つまり食後は必ず歯磨き、間食をしない、甘い飲み物を飲まない、食間はお茶、水、ブラックコーヒーのみ、もし間食したら必ず歯磨きと決め、非常に厳格に生活態度を変更すると、みるみる健康になった。

そうこうしているうちに健康診断となったが、その結果はすばらしく、胃はもちろん、糖尿の疑いも消え（！）、体重も標準を下回り、まさに理想的な健康状態となった。

……何のことはない、私の体調がすぐれなかったのは間食のせいだったのだ。ふと冷静に自分をふりかえると、のべつまくなしにチョコを食べたり、甘い缶コーヒー飲んだりとずっと間食していたので、胃も疲れるし、歯も悪くなったわけだ。

かくして、歯磨きと間食禁止の効果があり、とんかつが素晴らしくおいしく食べられるようになり、なんとかとんかつ本のゴールにたどりついたのであった。

ということで、今後もきちんと歯を磨いて、間食を我慢して、とんかつや定食を食べ続けようと思う。……なんだか子どもみたいだけど、実はとても大事な健康の秘訣だったんですね。

2013年秋

今　柊二

間食やめたら
ものすごく
食事前に
おなかがすきます～
グ～
たまらん

参考文献・HP

＊第1章
澁澤龍彦『私の戦後追想』河出文庫、2012年
荻昌弘『歴史はグルメ』中公文庫、1986年

＊第2章
どんぶり探偵団編『ベストオブ丼　IN POCKET』文春文庫、1990年
『まぼろしの青春マップ・シリーズ　早稲田の学生街60's-70's』まぼろしチャンネル　ラグタイム、2003年
池田彌三郎『私の食物誌』同時代ライブラリー（岩波書店）、1995年
『東京人』2011年11月号

＊第3章
仮名垣魯文『西洋料理通』万笈閣、1872年

小菅桂子『にっぽん洋食物語大全』講談社＋α文庫、１９９４年
慶應義塾大学、和幸商事、グリーンハウス、アークランドサービス等のＨＰ
『月刊食堂』２０００年11月号
森まゆみ『明治・大正を食べ歩く』ＰＨＰ新書、２００３年
池波正太郎『むかしの味』新潮文庫、１９８８年
山本嘉次郎『日本三大洋食考』昭文社出版部、１９７３年

＊第４章

小菅桂子『近代日本食文化年表』雄山閣出版、１９９７年
岡田哲『とんかつの誕生』講談社選書メチエ、２０００年
小菅桂子『にっぽん洋食物語大全』講談社＋α文庫、１９９４年
加太こうじ『衣食住百年』日経新書、１９６８年
高峰秀子『わたしの渡世日記（上・下）』新潮文庫、２０１２年
茂出木心護『たいめいけんよもやま噺』旺文社文庫、１９８６年
貴田庄『小津安二郎の食卓』ちくま文庫、２００３年

貴田庄『小津安二郎　東京グルメ案内』朝日文庫、２００３年
村上春樹・安西水丸『村上朝日堂』新潮文庫、１９８７年
村上春樹・安西水丸『村上朝日堂の逆襲』新潮文庫、１９８９年
初田亨『百貨店の誕生』ちくま学芸文庫、１９９９年
野沢一馬『大衆食堂』創森社、２００２年
松平誠『ヤミ市　幻のガイドブック』ちくま新書、１９９５年

＊第５章
久住昌之原作・谷口ジロー作画『孤独のグルメ』扶桑社文庫、２０００年
ｋｅｉｋｏ『ｋｅｉｋｏのＢ級グルメ道』ソフトバンク文庫、２００６年
岡田哲『たべもの起源辞典　日本編』ちくま学芸文庫、２０１３年
泉麻人『なぞ食探偵』中公文庫、２００５年

＊第６章
今柊二『かながわ定食紀行　おかわり！』かもめ文庫、２０１０年

今柊二『丼大好き』竹書房、2012年

＊最終章
山本武利・西沢保編『百貨店の文化史　日本の消費革命』世界思想社、1999年
文藝春秋編『B級グルメが見た韓国　食文化大探検』文春文庫ビジュアル版、1989年
黒田勝弘『韓国を食べる』文春文庫、2005年
『月刊食堂』2011年7月号
『月刊食堂』2012年11月号

ナ 行

ハ 行

マ 行

ヤ 行

ラ 行

ワ 行

サ 行

タ 行

INDEX

索引

ア行

カ行

イラスト・写真／著者
本文DTP・図表作成／小出正子

Chuko Shinsho La Clef
中公新書ラクレ 482

とことん!
とんかつ道《どう》

2014年1月10日発行

著者 今《こん》 柊二《とうじ》

発行者 小林敬和
発行所 中央公論新社
〒104-8320 東京都中央区京橋2-8-7
電話 販売 03-3563-1431
編集 03-3563-3669
URL http://www.chuko.co.jp/

本文印刷 三晃印刷
カバー印刷 大熊整美堂
製本 小泉製本

Published by CHUOKORON-SHINSHA, INC.
Printed in Japan ISBN978-4-12-150482-1 C1295

中公新書ラクレ刊行のことば

世界と日本は大きな地殻変動の中で21世紀を迎えました。時代や社会はどう移り変わるのか。人はどう思索し、行動するのか。答えが容易に見つからない問いは増えるばかりです。1962年、中公新書創刊にあたって、わたしたちは「事実のみの持つ無条件の説得力を発揮させること」を自らに課しました。今わたしたちは、中公新書の新しいシリーズ「中公新書ラクレ」において、この原点を再確認するとともに、時代が直面している課題に正面から答えます。「中公新書ラクレ」は小社が19世紀、20世紀という二つの世紀をまたいで培ってきた本づくりの伝統を基盤に、多様なジャーナリズムの手法と精神を触媒にして、より逞しい知を導く「鍵《ラ・クレ》」となるべく努力します。

2001年3月